SÉ EL PAPÁ
que ella necesita
que seas

La huella indeleble
que un padre deja en la vida de su hija

DR. KEVIN LEMAN

GRUPO NELSON
Una división de Thomas Nelson Publishers
Desde 1798

NASHVILLE   MÉXICO DF.   RÍO DE JANEIRO

Dedicado a mis cuatro hijas:
Holly, Krissy, Hannah, Lauren.
Las amo. Ser padre es el mejor papel que jamás
me haya tocado tener. Cada una de ustedes me
ha brindado inmensas alegrías de modos únicos
y peculiares. Que el buen Señor las bendiga y
guarde. Sé que cada uno de nosotros vivirá en el
corazón del otro para siempre.

Reconocimientos

Gracias a...
    Sade, mi amada esposa, quien me contagió su sabiduría para criar hijas.

Todos aquellos cuyas preguntas acerca de padres e hijas generaron la inspiración para escribir *Sé el papá que ella necesita que seas*: mis lectores de libros, seguidores de Facebook, participantes de seminarios, televidentes y radioescuchas a lo largo de Norteamérica y muchos otros países. Nada me da más gozo que servirlos proveyéndoles soluciones simples y prácticas para hacer los pequeños ajustes necesarios en las relaciones familiares.

Debbie Wickwire, editora de adquisiciones en Thomas Nelson, por su pasión y entusiasmo ante el tema de este libro.

Mi editora, Ramona Cramer Tucker, tanto por sus pulidos talentos editoriales, como por el gozo que ella siente al ver a su esposo, Jeff, siendo un gran padre para su hija, Kayla.

Contenido

Introducción

Las hijas son un poco raras (y aun cuando no son raras, son un poco extrañas)

La cita: «Los hombres son de Marte, y las mujeres son de Venus» da justo en el centro del blanco; sin embargo, esta afirmación no excluye la relación común que ellos tienen como padre e hija.

Detesto admitir esto en público, porque es un poco vergonzoso para un hombre muy masculino, pero yo puedo pensar como una mujer. Puedo ponerme detrás de los ojos de una mujer y sentir sus emociones. Probablemente esto se deba a que estuve rodeado por siete mujeres la mayor parte de mi vida (mi madre, mi hermana, mi esposa y mis cuatro hijas) y todas ellas me contagiaron el modo en que piensan y sienten. Padre, confía en mí cuando te digo lo siguiente: tu hija ve la vida de un modo completamente diferente al tuyo. Es por eso que necesitas leer este libro, para que puedas adentrarte en el mundo de tu hija de manera informada y logres dejar huella en su vida, de la manera que solo tú puedes hacerlo. Hay ciertas cosas que difieren grandemente en la crianza de niñas en comparación con la crianza de niños.

¿Sabías que Venus y Urano son los únicos dos planetas de nuestro sistema solar que rotan en la misma dirección que las manecillas del reloj? Pero se sabe que la rotación de Venus en un momento se detuvo, probablemente a causa de un impacto, y luego comenzó un movimiento opuesto, en tanto que Urano fue volcado en su lado y continuó girando en la misma dirección que lo hacía desde su creación. Por eso, cuando el autor John Gray dijo que las mujeres eran de Venus (que también resulta ser el planeta más cálido de nuestro sistema solar), tal vez sugería que las criaturas femeninas, en general, no solo rotan en una dirección diferente a la de las criaturas masculinas, sino que también se inclinan más al costado emocional.

Por ejemplo, cuando tuve que entrenar al equipo femenino de baloncesto de la secundaria, aprendí una lección muy importante: no debes hablar con las muchachas del mismo modo que lo haces con los muchachos. Si lo haces, ellas llorarán. De hecho, si las sorprendes y de repente les gritas, es probable que ellas salgan corriendo hacia el vestuario.

Eso puede ser extremadamente inconveniente en la mitad de un partido de baloncesto, en especial si presionas el candente botón emocional de la jugadora pívot de tu equipo. Ella se irá a las duchas para llorar a mares.

Peor aun, ¿y si dos de sus compañeras de equipo la ven correr hacia el vestuario y tienen que ir a consolarla? Entonces, en medio de los sesenta segundos de un receso, tres de tus jugadoras están en los vestuarios (la llorona y el equipo de apoyo). Suena el silbato, y tu equipo está incompleto, todo causado por una pequeña conversación que tuviste con la pívot. Ella estaba lamentándose por lo que otra jugadora le había dicho, y tú simplemente le dijiste: «¿Acaso soy tu madre?».

Evidentemente eso no era lo más apropiado para decir.

Aprendí mi lección.

Papás, sus hijas son emocionalmente diferentes a ustedes, y cuanto más rápido lo aprendan, mejor para ambos. He estado navegando entre los escollos de las emociones de mis cuatro hijas por cuarenta y dos años, y otro tanto, las de mi esposa.

No conozco a ningún hombre que pueda decir: «Me encanta cuando mi hija llora, o cuando lo hace mi esposa». La mayoría de los hombres no saben qué hacer cuando las lágrimas comienzan a fluir.

> Aprendí una lección muy importante: no debes hablar con las muchachas del mismo modo que lo haces con los muchachos.

Bueno, hombres, los salvaré de algunos ataques de llanto y de la impotencia que sienten cuando estos suceden, mostrándoles el modo de acercarse a sus hijas (con su hombría intacta). Después de todo, cada hija necesita una dosis saludable de masculinidad en su vida, y tú eres el mejor para transmitir eso. El aporte extra es que el mismo principio también funciona con las demás mujeres de tu familia.

Para ser el mejor padre para tu hija, no tienes que renunciar a tu masculinidad. No tienes que ver programas como *Project Runway* ni los canales gourmet ni los de diseño interior de casas. No tienes que comer quiche ni grabar el programa de debates *The View*.

> Para ser el mejor padre para tu hija, no tienes que renunciar a tu masculinidad.

Puedes aplicar estos principios y continuar siendo el hombre predecible que eres. Aquel que puede usar sin problemas la misma camiseta por un par de días. El hombre que sabe lo que quiere desayunar cuatro días (o cuatro semanas) antes. Aquel que, siendo el actual campeón de su liga de fútbol de fantasía y si su esposa le deja ver el canal deportivo, siente que su vida está completa. Solo vamos a retocarte un poco para que sepas cómo navegar con destreza las a veces peligrosas aguas femeninas del hogar.

Como cuando conversas con tu hija de quince años acerca del costo de su vestido para una fiesta a la que asistirá. Te molestan un poco los $400 que figuran en la etiqueta del precio, por lo que haces un simple comentario directo. Quedas perplejo ante la respuesta furiosa de tu hija.

Ella te fulmina con la mirada y grita: «No lo entiendes. Nunca lo harás. ¡Nunca comprenderás!». Luego sube corriendo las escaleras hacia su habitación y da un portazo.

Peor aun, en el camino grita: «Maaaaaa, papá acaba de...», y mamá oso aparece furiosa para ver qué le hiciste a su bebé.

Además, tu mujercita te echa esa «mirada» que todo hombre casado teme más que una visita de la agencia de recaudación fiscal.

Ahora estás en grandes problemas con dos personas de la población femenina de tu casa.

Lo único que preguntaste había sido: «¿Podríamos al menos buscar también en otros lugares?». Parecía una pregunta lógica; después de todo, ese vestido cuesta más que tu primer automóvil. ¿Qué hiciste mal entonces?

¡Oh, sí! Lleva un tiempo acostumbrarse a la mente femenina, papá, pero eres un hombre inteligente. Si estás preparado de antemano con las herramientas correctas, y prevenido con el conocimiento adecuado, estarás bien.

Ya sabes que tu hija a veces es un poco extraña. Lo es de joven y también lo será cuando envejezca. Citando a la señora Uppington, uno de los apodos cariñosos de mi maravillosa y elegante esposa: «La mujercita de once años es la criatura más extraña del planeta». Un día tu hija ama algo apasionadamente, y al siguiente lo odia. Tú, el padre, tienes que ser la fuerza constante.

Seas hombre o mujer, en este libro hay algo para ti. Pero ante todo, es para papás, porque muy dentro de nosotros todos queremos ser el mejor padre que podamos ser para nuestras hijas.

> Seas hombre o mujer, en este libro hay algo para ti.

Si eres hombre, pero aún no eres padre, ¡qué bueno que estés leyendo este libro y haciendo tu investigación con anticipación! Cuando tenía la edad de diecisiete años, estando sentado en la clase de inglés, me prometí a mí mismo: *Algún día, cuando descifre cómo vivir, seré padre... y uno bueno.* Verás, ser un buen padre era importante para mí, ya que no tuve demasiada relación con mi padre hasta más tarde en la vida, porque tomaba mucho durante mi infancia. Sin embargo, yo tenía una relación muy estrecha con mi madre, que era una santa viviendo aquí en la tierra. Más tarde en este libro verás por qué las relaciones entre géneros son las más importantes en el carácter y la perspectiva de vida de un niño que se encuentra en formación. Es por eso que *tu relación con tu hija* es tan primordial.

Desde el principio de mi vida decidí que quería ser un tipo de padre diferente con mis propios hijos. Hoy tú le puedes preguntar a cualquiera de ellos y te dirán que lo fui, dentro de lo humanamente posible. Por lo tanto, ya sea que quieras hacer una investigación anticipada para cuando llegues a ser padre algún día, o que tu esposa y tú se encuentren en la dulce espera y quieran estar preparados, o que ya estés en las trincheras de la relación padre-hija y quieras mejorar tu relación o ponerla en la senda correcta, este libro es para ti.

Madres: este libro también es para ustedes. Si están casadas saben que nada derrite más a una mujer que ver a su esposo ser un buen padre, una figura masculina amorosa, firme y protectora en la vida de su hija. Pero a veces no sabes cómo obtener ese resultado para tu marido. Atosigar no funciona. Solo hace que los hombres nos cerremos.

Ese hombre con el que vives es muy diferente a ti. Piensa y actúa de modo diferente, y aun así, sabes de modo intuitivo que su papel en la vida de tu hija es enorme, y que ella busca agradarle con desesperación. Pero ese esposo que amas no siempre es la persona más sensible del mundo, no siempre comprende a tu hija, y a veces puede ser demasiado áspero, severo o conservador. A veces, incluso da la impresión de ser el rey y que todos los demás a su alrededor deben servirle. En *Sé el papá que ella necesita que seas* revelaré unos pocos secretos del oficio para obtener los resultados que anhelas, un esposo que daría la vida por ti y que realmente hará una diferencia en la vida de tu hija. No es que nosotros, los hombres, no queremos intentarlo y mejorar, sino que con frecuencia no tenemos idea de cómo manejar las relaciones. Sin embargo, con un pequeño empujoncito cordial de tu parte (la mujer que más valoramos que esté de nuestro lado), y algo de estímulo para llegar al éxito, podemos encaminarnos con rapidez en la dirección correcta. Solo necesitamos tu sabiduría relacional para ponernos en marcha.

Si eres una madre soltera, tal vez te sientas culpable por no tener esa necesaria influencia paterna en la vida de tu hija, ya sea medio tiempo, de tiempo completo, o ninguna en absoluto. Hay muy buenos recursos también para ti en este libro, no solo para las relaciones que estés manejando en el presente, sino también para las que encararás en el futuro.

Este libro también es para ustedes, hijas de todas las edades. Algunas experimentaron una relación muy estrecha con su padre, y los beneficios de ella se manifiestan ahora en sus vidas. Algunas de ustedes son subproductos del divorcio sintiéndose atrapadas entre papá y mamá.

Otras de ustedes sobrevivieron a una relación áspera con su padre, quien estaba física o emocionalmente ausente. No fue el padre comprensivo, protector o amoroso con el que soñaron. Tal vez se mostró distante, hiriente e incluso abusivo. En este punto, tal vez estés distanciada de tu padre, sin siquiera hablarle. Tal vez ni siquiera sepas dónde vive él actualmente. O tal vez hayas establecido una relación de tipo «tolerancia mutua», en la cual simplemente mantienes una relación aplacada, hablas solo de cosas superficiales, y evitas otros temas. No tienes una relación profunda porque hay problemas en tu relación pasada. Y sin embargo, a pesar de que no puedes explicarlo, en tu corazón deseas tener una conexión padre-hija más que ninguna otra cosa. Esto se debe a que la relación padre-hija define quién sientes que eres y qué tan valorada te sientes en este mundo. Te guiaré a través de las razones en este libro.

He visto a multitudes de padres e hijas distanciados volver a reunirse, enmendar sus errores, y disfrutar el tiempo que les queda en esta tierra. De hecho, no hay nada más satisfactorio para un hombre como yo, que trabaja con personas a puertas cerradas, que ver ese tipo de transformaciones mágicas.

También pueden ocurrirte a ti.

UNO

La relación que más importa

Por qué importas, especialmente para tu hija, y qué se pierde cuando eres un padre ausente.

Cuando mi hija Krissy se graduó de la escuela secundaria me invitaron a ser el orador principal. El día de la ceremonia de graduación, al contemplar la multitud de graduados con sus caras de entusiasmo, dije: «Estamos aquí no para celebrar sus logros sino para celebrar quienes son». Luego puse mi mirada en mi hija... y me quebré en llanto.

No, no suelo ser un llorón debilucho, no lloro en público con frecuencia. De hecho, hablo a directivos de empresas importantes y gobernadores de nuestra nación, y he compartido plataformas con personas como Bill Cosby, Larry King, Amy Grant, Barbara Walters, Regis Philbin y Franklin Graham, y no he llorado. Incluso he pasado buenos momentos en programas de televisión como *The View,* con esas señoras desenfrenadas y maravillosas, y no he llorado. Entonces, ¿qué desencadenó la emoción en aquella ocasión? El hecho de que le estaba hablando a *mi hija* y acerca de ella, y comenzaba una etapa de gran transición en su vida y en la nuestra.

Hay algo muy especial en la conexión padre-hija. Tú ya sabes eso, o no estarías leyendo este libro.

Por qué el padre es tan importante

El día más ocupado para cualquier servicio de telefonía en América es el día de la madre. Las mujeres son la pieza central de un hogar, por lo que asumimos que las madres son la clave de las familias. Pero la influencia que tiene un padre es innegable.

A primera vista todos piensan que las relaciones más importantes en la familia son las de padre-hijo y madre-hija. Pero se equivocan. Las relaciones entre géneros son más cruciales. ¿Por qué el padre es tan importante en particular en la vida de la hija? El padre es quien le enseña a su hija cómo son los hombres. Es el primer hombre en su vida; el primer hombre que ama, el primero al que intenta complacer, el primero que le dice que no, y el primer hombre que la disciplina. En efecto, la configura para el éxito o el fracaso con el sexo opuesto. No solo eso, sino que ella también toma nota del modo en que papá trata a mamá y va creando una expectativa acerca de qué esperar como mujer en una relación con un hombre. O sea que el padre también configura la relación matrimonial de su hija. Y si ese padre es un hombre de fe, también asume la increíble responsabilidad de representar al mismísimo Dios todopoderoso. ¡Guau! Si eso te puso un poco nervioso entonces eres un hombre inteligente.

Si papi es un hombre amoroso, firme y equilibrado en la relación con su hija, ella tendrá una sensación de seguridad, amor y confianza en sus relaciones con los hombres. También sabrá defenderse si los hombres intentan sacar alguna ventaja de ella, porque sabe que su papá jamás la trataría de esa manera o permitiría que fuera tratada así.

Sin embargo, si una hija no tiene seguridad, amor y confianza en su relación con su padre, esa hija sufrirá durante toda su vida por la carencia de esas cosas cruciales. Será atraída hacia los hombres que no son buenos para ella, que la tratarán mal... y lo permitirá porque esto coincide con el modo en que se ve a sí misma en su relación con los hombres.

Si papá me trataba de esta manera, pensará, *entonces todos los hombres deben ser así, por lo que supongo que tengo que aceptarlo si quiero convivir con un hombre.*

Detente un momento y pregúntate: *Cuando estaba creciendo, ¿quién creyó en mí y realmente me amó como era?*

¿Tienes una lista de veinte personas? ¿Diez? ¿Cinco?

Lo dudo. Si eres el individuo promedio de hoy en día, eres afortunado si tienes una persona que creyó en ti y te amó incondicionalmente cuando ibas creciendo. Si tienes dos personas, eres doblemente bendecido. Si tienes tres, llama al periódico. ¡Es una noticia lo suficientemente sobresaliente como para ser mostrada en los principales noticieros!

Esta es tu oportunidad para ser ese tipo de persona para tu hija.

> Detente un momento y pregúntate: *Cuando estaba creciendo, ¿quién creyó en mí y realmente me amó como era?*

El impacto de padres ausentes

La figura paterna es tan importante en el hogar que algunas muchachas que crecen sin un buen padre desarrollan lo que se denomina *hambre de padre*. En su imaginación inventan un padre, de manera muy elaborada, y luego fingen que su padre es así. El Instituto Nacional de Estadística de EUA informa que más de veinticuatro millones de personas en Estados Unidos no viven con su padre biológico; ¡eso representa uno de cada tres! «Casi dos de tres niños (sesenta y cuatro por ciento) afroamericanos viven en hogares con padres ausentes. Uno de cada tres (treinta y cuatro por ciento) niños hispanos, y uno de cuatro (veinticinco por ciento) niños blancos viven en hogares con padres ausentes. Los niños con ausencia de su padre tienen, en promedio, dos o tres veces más probabilidades que sus pares que viven con su padres casados y biológicos (o adoptivos), de ser pobres; consumir drogas; experimentar problemas de conducta, salud, emocionales y escolares; ser víctimas de abuso infantil e involucrarse en conductas criminales».[1]

La organización denominada National Fatherhood Initiative [Iniciativa Nacional de Paternidad] reporta los efectos devastadores de la ausencia paterna:

- *Experimentan pobreza.* Los niños de hogares sin padre son «casi cuatro veces más propensos a ser pobres».
- *Luchan con problemas emocionales y de conducta.* «Los niños nacidos de madres solteras muestran mayores niveles de agresividad que los nacidos de madres casadas. Vivir en un hogar de madre soltera es equivalente a experimentar 5,25 transiciones de pareja».
- *Se inclinan al crimen.* «Los jóvenes... tienen posibilidades significativamente mayores de encarcelamiento que los que pertenecen a familias con madre y padre». De manera interesante, los adolescentes infractores que tienen entre diez y catorce años y que han tenido «comunicación frecuente con sus padres biológicos, con quienes no viven, mermaron la delincuencia adolescente».

• *Experimentan la actividad sexual y el embarazo adolescente.* «Ser criado por una madre soltera incrementa los riesgos de embarazo adolescente, de casarse sin haber obtenido un título secundario, y de formar matrimonios en los cuales ninguno de los padres obtiene un título secundario».[2]

En referencia a esto, el Centro de Apoyo para Padres de St. Louis dice que el setenta por ciento de los niños afroamericanos viven en hogares sin padre.

[Su fundador, Halbert Sullivan] comprende la ausencia paterna de un modo profundo y personal, ya que él fue uno de ellos.

Adicto a las drogas desde 1965, Sullivan fue un autodeclarado «padre holgazán» hasta que sus hijos tuvieron diez y dieciocho años.

«Fui un inútil durante veintisiete o veintiocho años». [Finalmente, depresivo y desesperado, fue a un establecimiento de rehabilitación, logró dos licenciaturas, y comenzó a trabajar con niños en las secundarias locales.] Esos esfuerzos lo llevaron a que le solicitaran liderar una institución para ayudar a los padres.

Desde 1998 el Centro de Apoyo para Padres ha ayudado a 8.800 hombres de todas las razas, pero mayormente afroamericanos, y a sus familias. El setenta y cinco por ciento de los graduados del programa ahora apoyan a sus hijos.[3]

Constantemente veo pruebas de ausencia paterna, tanto físicas como emocionales, en las mujeres que participan en mis seminarios. Jennifer estaba llegando a los cuarenta años cuando la conocí. Ella mencionó que había tenido un matrimonio realmente malo y ahora estaba divorciada, enfrentando sola la crianza de sus hijos. Cuando le pedí que describiera a su padre, hizo una pausa, y luego dijo: «Bueno, no estaba mucho en casa, y cuando lo hacía, estaba hecho un desastre».

«Entonces, déjame adivinar sobre tu exesposo. Era exactamente como tu padre, ¿verdad?».

Ella, apenada, respondió: «Sí».

Como Jeniffer sufría de «déficit de atención paterna», pasó su vida buscando la afirmación, aceptación y presencia de su padre. Forzada a probar su valía cuidando a otros, terminó casándose con un hombre alcohólico y fracasado.

Los beneficios de un padre comprometido

Cuando las hijas tienen padres comprometidos se benefician con esa relación toda su vida. Aquí describo algunos de esos beneficios:

- *Tienen una autoestima más elevada.* Las muchachas que disfrutan del amor seguro de su padre se ven a sí mismas iluminadas por una luz más positiva. Son capaces de defenderse a sí mismas y tomar buenas decisiones.
- *Se rebelan menos, en especial en los años críticos.* Un padre que gobierna con mano de hierro y solo demanda respeto incrementa el deseo de su hija de rebelarse contra las reglas. Los padres que se relacionan con sus hijas de manera respetuosa se ganan su respeto. Las hijas con padres que están presentes en sus vidas tienden a estar menos involucradas con las drogas y el crimen porque no necesitan buscar amor y aceptación fuera de casa. También dirán «no» con más facilidad cuando tengan una cita y por consiguiente tendrán menos probabilidades

de quedar embarazadas fuera del matrimonio. Si decides
visitar la prisión más cercana a tu casa y conversas
con los internos, encontrarás pocos casos con padres
comprometidos activa y positivamente.

* *Sus relaciones adultas son más saludables.* El modo en que
su papá las trata es el modo que esperan que los demás las
traten. ¿Tu familia recibe las sobras de tu tiempo, después
del golf, de que el partido de fútbol termine, después de
arreglar el auto, después de terminar un proyecto extra
para el trabajo? Entonces eso es lo que tu hija en el futuro
esperará de su propio marido. No te pierdas uno de los
trabajos más influenciables que jamás podrás hacer.

* *Su trayectoria en la vida es más exitosa.* Cuando un
padre tiene confianza en su hija, ella siente que puede
hacer cualquier cosa que se proponga. Ella no tolerará
impertinencias de los demás y saldrá exitosa de las
situaciones difíciles porque sabe que su papá la ama y
confía en ella.

Padres: sé que aman a sus hijas profundamente, o no se estarían tomando el tiempo de leer este libro. Llegará el día cuando
esa niña de ustedes tomará todo lo que le han (o no) dado y saldrá al mundo. Su satisfacción marital, su habilidad para criar a
sus hijos y relacionarse de un modo particular con cualquier hijo
varón que tenga, y su sensación de bienestar, serán cosas que ella
habrá logrado a pesar de ti o, en alguna medida, gracias a ti.

Si tienes un legado negativo de tu propio padre, o si tu esposa
lo tiene de su padre, es tiempo de detener el ciclo. Tu hija merece
lo mejor de ti.

Algunos de ustedes, lectores, son hijas. Sus experiencias de
crecimiento representan todo tipo de padres: padres afectuosos y

comprometidos activamente; padres ausentes emocionalmente; padres verbal, física y emocionalmente abusivos; padres divorciados y viviendo en otros lugares; o padres completamente ausentes. Ustedes, más que ninguna otra persona, saben el impacto que los padres pueden tener en las vidas de sus hijas porque son una prueba viviente de ello, ya sea que se hayan dado cuenta, o no, hasta este momento. No duden en comunicar esa perspectiva con el hombre que comparte sus vidas. Ellos necesitan saber que lo que hacen en sus hogares importa, que *ellos* importan, durante toda la vida de una hija.

Lo que recuerdo de mi padre...

En el largo plazo, lo que cuenta son las pequeñas cosas, dicen las hijas:

«Se rio conmigo cuando se me cayó el primer diente».

«Durante el verano, todos los sábados a la mañana jugábamos juntos».

«Estuvo a mi lado y me abrazó cuando mi primer novio me dejó y yo lloraba sin parar».

«El otoño sigue siendo mi estación del año preferida. Cuando era joven, durante los otoños mi papá y yo alineábamos sillas de plástico para formar un túnel y arrojábamos una cantidad de hojas sobre ellas para hacer un fuerte de hojas. Papá incluso se ponía atrás de mí y entraba gateando al túnel. Siempre hacía un chocolate caliente cuando terminábamos de jugar».

«Jugaba en la computadora conmigo y mandaba a mis hermanos mayores a jugar afuera».

«Siempre ponía en silencio el sonido de la televisión cuando yo lo interrumpía para hacerle una pregunta».

«Lo escuché comentarle a un compañero de trabajo lo orgulloso que estaba de mí por tener un corazón dadivoso».

«Él todos los días me permitía quitarle los zapatos cuando regresaba del trabajo».

«No teníamos mucho dinero, pero mi papá era generoso conmigo con su tiempo y atención. Eso era mucho mejor que cualquier cosa material».

«Todavía le sigue dando besitos a mi mamá, a pesar de que ya llevan casados muchos años».

Los momentos que recordarás... por el resto de tu vida

Algunos de ustedes tal vez sean como yo, que con dedicación trabajan para ser padres comprometidos. La mayor parte del tiempo lo hacen bien, pero de vez en cuando confunden sus prioridades y cometen un desliz. Quiero contarte la vez que me pasó esto último, pero a causa de esta situación aprendí una lección.

Nuestra primogénita, Holly, estaba en su último año universitario cuando fue elegida finalista para ser reina del baile de bienvenida. Yo estaba de viaje dando un seminario sobre crianza de los hijos que había agendado mucho antes de saber que ella sería elegida como candidata. Una vez que fue elegida finalista, le dije a mi co-orador del seminario: «Oye, necesito retirarme del seminario antes de tiempo. Mi hija se postula para reina y tenemos mucho que preparar: el desfile, el juego de bienvenida, el baile. Sencillamente no puedo perdérmelo».

Mi co-orador comprendió cómo me sentía, pero como algunos cientos de personas ya se habían inscrito al seminario, el cual nos incluía a los dos oradores durante los dos días, me preguntó: «¿Cómo puedo decirles que solo estarás parte del encuentro?».

Por lo tanto, en lugar de seguir mi instinto paternal, mantuve mi compromiso previo.

Cuando Holly fue elegida reina del baile, yo no estuve allí para compartir ese evento tan importante para ella. Hasta el día de hoy me arrepiento de no haber dicho: «Me voy a casa de todos modos».

A causa del remordimiento que siento desde entonces, ahora me desvío de lo planificado cada vez que es necesario para poner a mi familia en primer lugar... en todo. Aprendí la lección de la manera más dolorosa.

Tal vez hayas experimentado una o más veces este tipo de desliz. Como yo, no puedes cambiar el pasado, pero sí puedes cambiar el presente y el futuro para que tu corazón de padre se alinee con las prioridades de tu vida.

Tu valía de hombre

Tenía cuarenta y cuatro años y mi esposa, Sande, cuarenta y dos. Teníamos tres hijos: dos niñas y un niño. El más pequeño contaba nueve años. Mi carrera estaba comenzando, estábamos cómodos con nuestras finanzas, y la vida parecía perfecta. Al fin podía relajarme y disfrutar de mi familia y de la vida. Pero el Dios todopoderoso tenía otros planes en mente. Sande y yo nos encontrábamos en una cena para ejecutivos. En un momento ella me pasa una pequeña nota donde pude leer: *¿Estás listo para cambiar tus vacaciones? ¿Estás listo para cambiar tus hábitos de sueño?*

Mmm, pensé, *¿me estoy perdiendo una broma?*

«Da vuelta la tarjeta», sugirió mi amada esposa con ojos resplandecientes. Lo hice, y simplemente la nota decía: *¡Feliz Navidad!* Pero el dibujo que acompañaba la frase captó mi atención: Santa Claus estaba sosteniendo un tierno bebé pequeño con una sonrisa sin dientes. Quedé boquiabierto. «¿Esto significa lo que creo que significa?».

Y así apareció nuestra hija número tres, Hannah.

Cinco años después, pensando nuevamente que nuestra familia estaba completa, Sande de cuarenta y siete años volvió a sorprenderme. Esta vez, yo tenía cuarenta y nueve años, era aun menos comprensivo. Tenía ganas de romper algo. Rápidamente hice la cuenta mental y para cuando mi bebé creciera e ingresara a la escuela secundaria yo probablemente entraría a la reunión de padres caminando y babeando sobre mi andador.

Sin embargo, si hoy le pidieras a nuestra hija menor, Lauren, que completase la frase: «Para papi tú eres...», apuesto diez a uno que ella pondría: «... el regalo de Dios».

Sí, nuestras vidas fueron interrumpidas dos veces cuando pensamos que la familia ya estaba completa. Sin embargo, lo que esas dos muchachas son ahora me confirma continuamente que, sin importar lo que haga para mi carrera profesional, nunca me sentiré más pleno y satisfecho que siendo el padre de cuatro mujeres y un muchacho.

Avancemos algunos años, al tiempo en que Hannah y Lauren estaban en la escuela primaria. Cuando entraba por la puerta principal del edificio, sin importar lo que estuvieran haciendo (comiendo helado o

> Rápidamente hice la cuenta mental y para cuando mi bebé creciera e ingresara a la escuela secundaria yo probablemente entraría a la reunión de padres caminando y babeando sobre mi andador.

jugando con su amiga favorita), dejaban todo y corrían directo hacia mí.

¿No es un sentimiento maravilloso cuando tu niña aguarda la llegada de su padre y no puede esperar a abrazarte? Disfruta esos momentos... cada uno de ellos.

A mis hijas pequeñas no les importaba cuánto dinero había ganado en el día. Ni siquiera podía importarles la cantidad de libros que vendía, o si doscientas o trescientas personas se inscribían en un seminario para escucharme hablar. Mi diploma de doctorado no significaba nada para ellas. Podría haber sido un desertor del secundario (y casi lo fui), y ellas sentirían lo mismo por mí. Yo era su *papá*, y nadie podía ocupar mi lugar.

Lo mismo pasa contigo: nadie puede ocupar tu lugar. La compañía para la cual trabajas puede reemplazarte (y quizás en algún momento lo hará), pero a los ojos de tu hija solo habrá un único tú. Entonces, ¿por qué malgastar toda tu energía fuera de casa en aquello que a largo plazo no importa? Sé que muchas veces te sientes atrapado por las circunstancias; también me sucedió a mí. Al mismo tiempo en que la mayoría de los hombres están comenzando una familia, también están escalando algunos puestos en sus empleos. Durante el tiempo que más se los necesita en el hogar, también es cuando más esfuerzo laboral se demanda de ellos.

Pero ¿qué es más importante a la larga? De todas las cosas que haces en la vida, ¿qué te importará más? ¿Tu esposa e hijos realmente necesitan diez mil dólares más al año? De todos modos, para cuando sustraigas la donación de ese dinero al tío Sam, tendrás mucho menos. ¿O tu familia se beneficiará más de un padre que llega a tiempo a casa para la cena?

Lo que tu familia más necesita es simple: a ti.

Guía rápida de referencia de un buen padre:

• Participa en la vida de tu hija para permanecer en su corazón.

• Sé cariñoso, firme y equilibrado.

DOS

Los padres lo hacen
~~mejor~~ diferente

*Tal vez no sea lo que mamá haría en tu
lugar, pero tú, papá, también puedes hacer
el trabajo... y hacerlo bien.*

Volviendo al tiempo en que no existía tal cosa como los pañales descartables, sino solo los de tela, un día me encontraba
solo en casa con nuestra primera hija, Holly, quien tenía dieciocho meses, y con Krissy, la segunda, que era una beba. Bueno, ese
día, Holly hizo el peor desastre desde que se crearan los fideos
con salsa enlatados. De verdad fue algo desagradable. Yo no tenía
idea de qué hacer. Literalmente la cosa chorreaba por sus piernas
hasta llegar al suelo de la cocina.

No tuve ni siquiera tiempo de preguntarme «¿qué haría
mamá?». Aquello fue pura supervivencia.

Entonces, ¿qué hizo este papito? Alcé a Holly, abrí la puerta
de la cocina y salí corriendo al patio trasero. En ese momento
realmente ya no me importaba lo que pensaran los vecinos. Tenía

que hacer lo que había que hacer. Ese día la manguera del jardín salvó mi vida... y la cocina, de un desastre aromático a gran escala.

Lo mejor de todo es que nadie se enteró del asunto... por tres días. Luego la pequeña gran bocota de mi hija Holly comenzó a contarle a su madre acerca de la «ducha especial» (así es como la llamó ella) que papito le había dado.

Mi esposa levantó una de sus cejas de un modo muy particular. «¿De qué ducha especial estás hablando?», preguntó.

«En el jardín, con la manguera», contestó Holly. «Y estaba fría».

La señora Uppington me clavó la mirada y me dijo: «Leemie, ¿qué hiciste?».

«Eh, no sabía qué hacer. Era un desastre increíble», me defendí. Luego de recibir una interminable mirada fija agregué: «También limpié el piso de la cocina, así que no me mires de ese modo».

Tal vez nosotros, lo padres, no hacemos las cosas como las harían las madres, pero al fin y al cabo quedan hechas también.

Aun si esto significa que tengamos que hacerlo a nuestro modo, con la manguera del jardín.

Curso básico de diferencias de género

Claramente los padres hacen las cosas de manera diferente a las madres.

Nunca tuve el impulso irresistible de decirle a un mesero: «Disculpe, ¿qué tiene ese hombre de allí en su plato?», seguido de un: «¡Oh, qué rico parece! Me gustaría probarlo también».

Tampoco me interesa ir a la peluquería una vez a la semana, como mi amada esposa, ni siquiera una vez al mes. Sencillamente me pongo mi gorra de béisbol. Combina muy bien con la misma camiseta y la misma bermuda que usé el día anterior. Todos ellos me dan esa sensación de ser usados y confortables.

Nosotros los papás usamos muchas menos palabras que las madres. De hecho, se nos conoce por nuestras onomatopeyas, con las que podemos llevar adelante una conversación entera.

También hacemos estupideces, incluso cuando tenemos una edad en la que ya no deberíamos. Mi esposa dice que mi mejor amigo de toda la vida, Moonhead, y yo actuamos como dos nutrias jugando en un arroyo cada vez que nos vemos. Al entrar en un restaurante decimos: «¿Qué vas a ordenar, gordito?», «¿Qué vas a pedir, grandulón?».

> Claramente los padres hacen las cosas de manera diferente a las madres.

Se nos identificaba por nuestras luchas libres en público. Bueno, todavía se nos identifica, y ya estamos atravesando los sesenta años de edad. No ha cambiado mucho desde que éramos dos jóvenes muchachos del norte de Nueva York, salvo que tenemos esposas que miran para otro lado cada vez que hacemos alguna payasada.

Desde muy temprana edad los hombres y las mujeres son diferentes.

Las niñas de tres, cuatro y hasta cinco años ya usan la conversación de tipo «nosotros», muy inclusiva y orientada relacionalmente. Los niños de la misma edad hablan de modo «yo», muy excluyente.

Las chicas salen del gimnasio tomadas de la mano. Dan saltitos, una vueltita, mientras se ríen y conversan. ¿Los muchachos? Hacen fila india. Caminan de ese modo tan particular queriendo mostrarse *cool*. Aun caminan un poco más lentos en todo el mundo.

Las muchachas conversan entre sí, participan de lo que hace el grupo. Para los muchachos, competir y hacer las cosas solos está en su naturaleza. Constantemente tratan de superarse mutuamente en cualquier cosa... y en todas las cosas. Si alguna vez quieres divertirte un poco observa cómo juegan los muchachos y las muchachas.

> Qué hacen los muchachos: luchan y desarrollan sus músculos.
> Qué hacen las muchachas: se toman de la mano y comparten.

El otro día estaba con mi esposa en un centro de compras en la ciudad de Tucson, Arizona. Realmente trato de evitar ir a esos lugares, pero a veces, siendo el buen esposo que soy, me veo obligado a ir para poder «compartir» la experiencia con mi esposa. Dado que ella tenía pensado hacer una compra grande, le dije que la encontraría en el patio de comidas. Al lado se encuentra un lugar de juegos pequeño pero agradable. Así que me senté para observar a los niños y entretenerme un rato.

Dos niñas pequeñas jugaban muy bien juntas, hablando acerca de lo que harían más tarde, comentando todas las posibilidades.

Luego miré a dos varoncitos. Uno de ellos tenía un globo en su mano y golpeaba a su amigo en la cabeza con este globito tan rápido y fuerte como podía.

¿Uno es mejor que el otro?

No, sencillamente son diferentes.

Mi profesión es la consejería. La semana pasada tuve que dar una charla a una audiencia de trescientas personas y les pregunté:

«¿Cuántas de ustedes, mujeres, desearían asistir a la consejería esta semana?».

Hubo un mar de manos levantadas.

«Ah, Dr. Leman, me encantaría ir», dijo una mujer.

«Sí», dijo otra, «incluso me compraría ropa nueva y arreglaría mi cabello para la ocasión».

Luego les hice la misma pregunta a los hombres en la audiencia. No se alzó ni una mano.

Francamente ningún hombre en su sano juicio levantaría su mano.

El pensamiento masculino funciona así (si eres una mujer leyendo este libro dilo fuerte con el tono de Rocky Balboa, el boxeador de las películas *Rocky*, y tendrás una imagen muy gráfica): *¿Por qué le contaría a un extraño lo que pasa en mi vida? Y menos a una especie de psicoanalista. De ningún modo le diré nada a nadie. Y más que seguro que no voy a pagarle a nadie un montón de dinero para que escuche mis problemas. Yo solo me voy a arreglar con ellos.*

> A los hombres nos motiva competir, no mostrar nuestras debilidades sacando nuestra ropa sucia en público.

A los hombres nos motiva competir, no mostrar nuestras debilidades sacando nuestra ropa sucia en público.

Los hombres también trabajamos duro en manejar una cosa a la vez. Las mujeres hacen varias cosas al mismo tiempo y, francamente, eso nos intimida un poco.

Especialmente cuando no solemos ser tan observadores como debiéramos.

Tengo un buen ejemplo que pasó hace unos seis meses atrás, cuando la señora Uppington me dio un cepillo de dientes nuevo. Uno de marca Oral-B. Parecía ser bastante gordo y pesado para ser un cepillo de dientes, pero no pensé demasiado al respecto. Sencillamente tiré el viejo y guardé el nuevo en mi bolso de viaje.

Luego de tomar un vuelo de regreso tras haber cumplido un compromiso de trabajo, me dirigí hacia el estacionamiento del aeropuerto, encontré mi carro y lo encendí. Durante todo el camino de regreso a casa escuché un sonido constante.

Pensé que algo del vehículo no estaba funcionando bien. Incluso estacioné al costado del camino y apagué el automóvil para poder escuchar mejor. El sonido continuaba. Abrí el capó y revisé para ver si había alguna parte dañada. Pero todo se veía normal.

Cerré el capó y seguí conduciendo de regreso a casa. Tenía que detenerme en casa de Krissy para dejar algo.

Mi nieto, Conner, tenía nueve años en ese momento. Me estacioné en la entrada para autos de la casa de Krissy y apagué el motor del carro.

Conner se acercó corriendo. «¡Hola, abuelito!».

«Conner», dije, «¿puedes ayudar al abuelito?».

«Seguro, abuelito», respondió, siempre sonriendo y listo para solucionar cualquier problema. «¿Qué quieres?».

«Ven aquí y escucha a mi auto. ¿Puedes oír ese ruido?».

«Seguro, abuelito».

«¿De dónde proviene?».

Conner inclinó su cabeza y luego señaló: «De tu equipaje».

Mi valija se encontraba sobre el asiento del acompañante de mi auto convertible. Mi bolsa de artículos de aseo estaba vibrando. Abrí el cierre de la bolsa y adentro estaba mi cepillo de dientes zumbando contra la botella de loción de afeitar, machacando como si fuera un mini taladro.

Dios es testigo de que en aquel momento noté por primera vez que había dos botoncitos en ese cepillo, y eso que me había estado cepillando los dientes con esa cosa por lo menos durante noventa días. Me reí mucho de mí mismo.

Nosotros los hombres quizás no nos damos cuenta de las pequeñas cosas.

Probablemente nunca seamos capaces de encontrar en el refrigerador lo que las mujeres sí pueden.

El otro día le pregunté a Sande: «Amorcito: ¿dónde está la mostaza?».

«Está del lado derecho, en el segundo estante», contestó.

Miré nuevamente. «Te aseguro que no está», respondí.

Sande se acercó a la cocina con esa «expresión» en su rostro. Esa que dice, con amor por supuesto, *creo que me casé con un idiota*.

Con un gran ademán ostentoso pasó por delante de mí, se dirigió al lado derecho del segundo estante, movió un artículo y, obviamente, allí estaba la mostaza.

Es verdad, a veces soy un idiota.

Pero me preocupo profundamente por mi familia.

No soy mi esposa. No siempre encuentro la mostaza. No uso faldas, no tengo las piernas para hacerlo.

Soy todo hombre.

Y está bien para mí.

Cómo hacen malabarismos con manzanas los hombres
Con una sola manzana

Cómo hacen malabarismos con manzanas las mujeres
Con tres a cinco a la vez

Para qué somos realmente buenos los hombres

Cuando una de mis hijas tenía catorce años la llevé conmigo en un vuelo a la ciudad de Nueva York. Estaba invitado a participar en un programa televisivo a nivel nacional y quería que ella viera el detrás de escena de lo que yo hacía para ganarme la vida. Tuvimos un excelente tiempo juntos. Luego, cuando tenía que grabar otro programa, hice arreglos para que de camino un auto la dejara en la tienda Bloomingdale's, ya que ella adoraba hacer compras. Le dije que la encontraría nuevamente en el restaurante de la tienda a determinada hora.

A la hora señalada, le solicité a alguien que me alcanzara en su carro a la tienda y me esperara mientras corría a buscar a mi hija.

Pero ella no estaba allí. Luego de algunos minutos de espera comencé a ponerme nervioso. Mi hija siempre era responsable y puntual. Media hora más y ella seguía sin aparecer, por lo que entré en pánico. Me dirigí hasta la oficina de la tienda para emitir un llamado de búsqueda de mi hija por todos los medios de comunicación... y allí descubrí que había *cinco* restaurantes diferentes en Bloomingdale's.

Houston, tenemos un problema, pensé.

Así que hice lo que todo hombre hace en una crisis. Llamé a mi esposa a Tucson, Arizona.

«Hola, amor. ¿La están pasando bien?», dijo ella entusiasmada.

«Ssssí...».

> Hice lo que todo hombre hace en una crisis. Llamé a mi esposa.

Mi esposa es muy inteligente. Supo inmediatamente, por mi tono de voz, que algo había pasado. «Leemie: ¿qué hiciste?».

«A decir verdad, mi amor, no puedo encontrarla».

Se hizo un silencio y luego ella dijo: «¿Qué dijiste?».

«Aguarda un momento, no te preocupes», comencé a querer explicar.

«No estoy preocupada», dijo mi esposa en un tono gélido. «Pero repíteme lo que creo haber escuchado».

«Estoy seguro de que la encontraré», le expliqué. «No hay tanta gente en la ciudad de Nueva York».

Digamos que mi intento de broma no cayó muy bien, y mi habitual esposa calma de repente perdió los estribos. Yo estaba más frenético que ella. Creía que mi hija había sido secuestrada.

La oficina del gerente general le envió un radio y... nada.

Otro radio... lo mismo.

Para hacer la historia corta, mi hija me estaba esperando en otro restaurante. Cuando no aparecí, comenzó a buscarme, mientras yo la buscaba a ella. Ella también se enteró de los varios restaurantes, por lo que comenzó a recorrerlos todos. Éramos como dos barcos cruzándose en medio de la noche. (Y esa es la razón, padres, por lo que es tan importante que sus hijas tengan un teléfono celular cuando están lejos de ustedes. Mi hija no tenía uno en ese momento.)

Finalmente nos reencontramos dos horas más tarde, pero mientras tanto, el conductor que me había llevado se cansó de esperar y partió con mi equipaje en su carro. Yo no tenía su número de teléfono, ni él el mío. De más está decir que perdimos nuestro avión. Fue un verdadero desastre.

Ahora, si la que hubiese estado con nuestra hija en la tienda Bloomingdale's de Nueva York hubiera sido la señora Uppington, ella hubiera salido del vehículo, caminado con nuestra hija al interior de la tienda, llegado hasta el restaurante y explicado: «¿Ves esta X de aquí? Te encontraré aquí mismo, en este punto exacto, a las 4:00 p.m.».

¿Yo? Simplemente dije: «Te espero en el restaurante, cariño. Que la pases bien».

¿Ves por qué los hombres las necesitamos a ustedes las mujeres?

Los hombres no siempre somos buenos con los detalles o las indicaciones, pero somos buenos en muchas otras cosas. Lamentablemente la sociedad actual no parece darle demasiada utilidad a los hombres. De hecho, si ves las comedias televisivas que vapulean a los hombres con gran regularidad, te quedas con la marcada impresión de que la sociedad no necesita a los hombres para nada. Pero si no crees que los hombres son necesarios en las familias, dale un vistazo nuevamente a las estadísticas que transcribí en el capítulo 1 acerca de lo que ocurre cuando los padres están física o emocionalmente ausentes. Cada detalle de la investigación muestra que a tu hija le irá mejor en la vida porque tú estás presente. Los hombres no hacemos las cosas de la misma manera, pero los modelos masculinos son necesarios para equilibrar esa maravillosa criatura femenina denominada mujer.

Somos, en nuestra esencia, hacedores de diferencia

La realidad es que la gran mayoría de nosotros los padres quiere hacer una diferencia en las vidas de nuestros hijos. Queremos ser de utilidad para otras personas. Queremos ser grandes padres y esposos. Pero no siempre tenemos las herramientas que necesitamos para llevarlo a cabo.

Descansa seguro, padre, de que tú eres el mayor hacedor de diferencia en la vida de tu hija. La atención que le brindas, el apoyo que vuelcas en ella, la aprobación que le provees... tu hija interioriza todo esto hasta el punto de adoptar la perspectiva interior: *Soy alguien. Soy una (tu apellido). Soy un ser humano que vale la pena. No tengo que recibir maltratos de nadie. Y no lo haré.*

Somos solucionadores de problemas

Si quieres ver brillar a un hombre preséntale un problema, y él no lo dejará hasta que esté resuelto. Somos implacables. Queremos dar respuestas, ser aquel de la familia a quien recurrir. Solucionar problemas ayuda a satisfacer nuestras tres necesidades mayores como miembros de una familia: sentirnos necesitados, respetados y satisfechos.

Por ejemplo, mi amada esposa es una dormilona. Realmente tiene las cualidades de un mapache. Esa mujer puede quedarse dormida en cualquier momento, incluso sentada en un banco, aun si estuviera en un juego de pelota (sí, solía ser embarazoso, pero ahora mi mejor amigo, Moonhead, ya está acostumbrado). Ella permanece despierta hasta muy tarde y luego duerme hasta tarde por las mañanas. Su idea de tener un comienzo temprano comienza a las dos de la tarde. Algunas de nuestras hijas heredaron esa cualidad de su madre. ¿Yo? Me levanto al despuntar el alba y completé la mitad de mi día antes de que ella se haya levantado siquiera.

> Para ver brillar a un hombre, preséntale un problema.

Cuando nuestros hijos eran pequeños la señora Uppington definitivamente necesitaba dormir. Pero nuestros hijos a veces se despertaban en la madrugada y mantener en silencio a esos pequeños era una tarea que ni siquiera Superman podría realizar. Así que decidí resolverle ese problema todos los días sábado, aun sin que me lo pidiera. Cargaba a mis hijas Holly y Krissy en el auto (aunque estuvieran descalzas y con sus piyamas de Winnie Pooh) y las llevaba a desayunar a Dunkin' Donuts. Ellas adoraban sentarse en las banquetas giratorias del lugar. Giraban y giraban mientras comían sus donas y bebían su leche. Así que cada sábado a la mañana pasábamos algunas horas fuera de casa para que la señora Mapache pudiera dormir.

Viéndolo en retrospectiva me doy cuenta de que la señora Uppington se hubiera horrorizado de solo imaginar a sus niñas estando en público sin calzado (todos esos gérmenes en el suelo, entiendes) y aún con su ropa de dormir (eso era socialmente inaceptable). Pero a mis hijas eso no les molestaba, y a mí tampoco. Es más, tal vez hasta provocamos la sonrisa de algún visitante de Dunkin' Donuts. Y al regresar a casa Sande se encontraba preparada, con su energía recargada y sonrisas para cada uno. ¡Problema resuelto! Funcionó para todos nosotros. Lo que Sande no sabía tampoco le afectaba.

Tan pronto como Sande quedó embarazada de Holly, nuestra hija mayor, tomó la firme decisión de quedarse en casa y criar a nuestros hijos. Sin embargo, cuando todos los chicos fueron mayores, y ya iban a la escuela, Sande inauguró su propia tienda de ventas al por menor, denominada Shabby Hattie Antique Shop, y disfrutó de los beneficios y satisfacciones de ser propietaria de un negocio. Yo ya no tenía que llevar a las niñas pequeñas a Dunkin' Donuts los días sábados. En lugar de eso preparaba la cena las noches en que ella trabajaba hasta tarde en la tienda.

Sin embargo, mis cenas no se parecían en nada a las que hacía ella. De hecho, eran más bien de formato largo y espaciado, con uno solo de los elementos de la comida servido a la vez.

«¡Ey, jovencitos!», yo los llamaba, «el maíz está listo».

Veinte minutos después decía: «Las chuletas están listas», y había otra estampida hacia la mesa.

No me preocupaba por los cuatro grupos de comida o de que cada color estuviera representado en la mesa. Ni siquiera preparaba la mesa con el tenedor del lado izquierdo y el cuchillo y la cuchara del derecho. Pero la cena alimentaba los estómagos de cada miembro de nuestra familia. Lograba realizar el trabajo y el problema era resuelto.

Padre: cuando caminas en los zapatos de tu esposa, descubres algunas realidades que de otra forma ignorarías. Los niños pequeños no tienen horarios fijos. Generalmente sus necesidades son inmediatas. Tienen una paciencia tan delgada como el papel manteca. Y estar en medio de niños pequeños durante todo el día también colmará tu paciencia, aunque los ames mucho.

Tu esposa no es la única que necesita tu ayuda en la resolución de problemas. Tu hija también la necesita. Ella necesita que tú te adelantes a sus necesidades antes que las tenga, y antes de que puedan llegar a alcanzar el tamaño del monte Vesubio. Ella necesita que la ayudes a mirar las situaciones de manera lógica y desde múltiples puntos de vista, en lugar de hacerlo solo a través de una única perspectiva, que seguramente está condicionada por sus emociones. Pero no necesita que resuelvas por ella cada situación. Todo niño necesita aprender a solucionar sus propios problemas. Sin embargo, para que las hijas puedan hacerlo con confianza, necesitan el oído atento de papá mientras lo hacen.

Somos tomadores de riesgo calculado

Comparemos el modo en que las mamás y los papás tratan a sus hijos cuando les están enseñando a nadar.

Veamos primero a la mamá. Ella es más propensa a dejar a su niña flotar en una cámara de neumático de manera calma y serena, alejándola del borde de la piscina con pequeños empujoncitos. De hecho, si mami pudiera encontrar el modo de enseñarle a su hija a nadar sin mojarse, lo haría.

Ahora, si se escuchan gritos seguramente encontrarás a un padre detrás de ellos. De repente esa hija se ha convertido en un proyectil, arrojada desde los brazos de su papi, volando por el aire, hasta caer dentro del agua con un dramático *plas*, y recogida nuevamente. Y la siguiente hija ya se encuentra gritando: «¡Ahora yo, papi! ¡Me toca a mí!».

¿Cómo responde mamá? Dice aterrada: «Oh, querido, ¿te parece que es seguro? ¡Realmente no saben nadar!».

«No te preocupes, mi amor. Los niños a esta edad son muy flexibles. Arrojarlos al agua es la mejor forma de aprender a nadar».

Así que mamá pato se sienta preocupada en el borde de la pileta mientras papá pato pone a los patitos a nadar en el agua.

Padre: el modo en que juegas con tus hijos y los alientas a encarar la vida suele ser completamente diferente al modo en que lo hace tu esposa. Aportas ciertas características y cualidades embebidas de testosterona a tu relación con tus hijos que son necesarias para que tu hija logre una perspectiva equilibrada de la vida.

Por lo tanto, continúa asumiendo riesgos calculados que hagan que a veces tu esposa se ponga un poco quisquillosa, como por ejemplo hacer que tu niña salte a tus brazos desde la cama superior. Construirá en tu hija no solo la habilidad de asumir riesgos, sino una confianza en ti que durará toda su vida.

> Así que mamá pato se sienta preocupada en el borde de la pileta mientras papá pato pone a los patitos a nadar en el agua.

Somos defensores y protectores

El 11 de septiembre de 2001 quedé estupefacto frente a la televisión, viendo a los valientes bomberos correr hacia edificios en llamas que se estaban desintegrando, para rescatar a los sobrevivientes del ataque más despiadado que hayan experimentado Estados Unidos en su propio territorio. Tragándome las lágrimas le dije a Sande: «Mira a esos muchachos. Esos sí son hombres de verdad».

Los hombres de verdad hacen una diferencia intentando ayudar a los que se encuentran en una crisis. Son los defensores, los protectores de la familia y de aquellos menos afortunados.

Un verano, nuestra hija de nueve años, Hannah, tenía que tomar un vuelo para ir desde nuestra casa de veraneo en el estado de Nueva York hasta Tucson, Arizona, donde pasábamos el año escolar. Yo no quería que volara sola, así que la acompañé. Reservé un pasaje de ida y vuelta que me llevara de regreso a Buffalo, cuarenta y cinco minutos después de que Hannah y yo llegáramos a Tucson. La dejé en casa de una amiga para que pudieran disfrutar de un tiempo juntas antes del comienzo de las clases.

Cuando la aeromoza se enteró de lo que estaba haciendo (pasar un día entero volando de Buffalo a Tucson y luego inmediatamente de regreso a Buffalo solo para acompañar a mi hija), no lo podía creer. «Por poco dinero pudo haberse evitado muchas molestias. ¿Por qué sencillamente no la puso en el avión? Nosotros cuidamos de niños mucho menores que ella todo el tiempo. ¿No confía en nosotros? Hacemos un buen trabajo».

Miré a la aeromoza directo a los ojos y le dije: «No se trata de su trabajo sino del mío».

Quedó boquiabierta. Literalmente no sabía qué decir. Antes de que finalizara el vuelo, varias aeromozas se habían acercado para conversar con el lunático que insistía en viajar con su hija.

Hoy en día los hombres no solo tenemos que ser protectores físicos de nuestras hijas, sino también protectores emocionales. Esto es lo que quiero decir.

No alcanzo a contar la cantidad de veces que fui testigo de este tipo de escena a lo largo de los años:

Una joven entra en una habitación donde hay un grupo de mujeres.

«Ah, tu gargantilla es adorable», le dice una a la otra.

«Y tu peinado... me encanta. Es perfecto para el verano», dice la otra.

«¿Dónde conseguiste ese atuendo y esos zapatos? Tengo que saberlo», agrega una tercera.

Apenas la joven deja la habitación, el grupo de mujeres, a puertas cerradas, comienza a criticarla duramente:

«¿Viste lo horrible de su atuendo?».

«Y esos zapatos... ¿dónde demonios los encontró?».

«Su corte de cabello luce como si alguien hubiera puesto un tazón alrededor de su cabeza...».

Las mujeres pueden ser crueles en su retórica mutua. Es por eso, padre, que estás en una excelente posición para explicarle a tu hija por qué debe ser cuidadosa con lo que dice en persona.

Pero lo que escribe también es crucialmente importante. Tal vez piense que la Internet, los mensajes instantáneos y los de texto quedan solo entre ella y su amiga, pero tan pronto como su amiga presiona el botón de reenviar, solo Dios sabe adónde puede terminar esa información, incluyendo la computadora de la única persona en el mundo que ella odiaría que recibiera ese correo electrónico.

En los tiempos que mi mamá me tenía que arrastrar hasta la escuela dominical, cantábamos una canción infantil cuya letra decía: «Cuidado mis ojitos al mirar... Cuidado mis oídos al oir».[1] Con todo lo arcaico que puedan sonar esas palabras, son un gran consejo para toda la juventud actual. Si no compartes eso con tu hija, ¿quién lo hará? ¿O dejarás que aprenda esa lección de un modo más duro?

Mi caballero en la pista de patinaje

Mi papá es bastante tranquilo y siempre ha estado muy involucrado en mi vida. Cuando tenía trece años un día me llevó, junto a un grupo de amigos, a una pista de patinaje. Un muchacho que no era parte del grupo se la pasaba patinando a mi alrededor, haciéndome caer. La segunda vez que pasó, mi papá entró a la pista y estuvo a mi lado para ayudarme a levantar. Me acompañó al borde de la pista y luego se dirigió hacia el joven que me había hecho caer, lo tomó del brazo, y le habló mirándolo fijamente a sus ojos. Hasta el día de hoy no tengo idea qué fue lo que mi papá le dijo, y nunca me lo dirá, pero ese muchacho quedó bastante pálido y se fue de la pista unos segundos más tarde de aquella charla. No lo volví a ver en toda la noche.

Luego mi papá me dijo: «No podía soportar el modo en que ese joven te estaba tratando. No quería que te lastimara».

Mi padre siempre me cuidó, pero esa noche me di cuenta quizás por primera vez, de lo protector que él era no solo conmigo, sino también con mi mamá. Sabía que al lado de mi papá siempre estaría a salvo.

Hasta el día de hoy, a pesar de que tengo treinta y dos años, estoy casada y tengo dos hijos, sigo sintiéndome así cuando estoy cerca de él o de mi marido, quien se parece bastante a mi padre.

—Kendra, Carolina del Norte

Deja que tu mujer sea una mujer

Cuando la gente viene a visitarnos a nuestro hogar, mi esposa sirve cenas increíbles. Y quiero decir: *increíbles*. Se pasa días pensando el menú perfecto, comprando los ingredientes, y asegurándose de que todo luzca muy bien. Yo creo que está loca, y esa es una de las razones por la que la llamo cariñosamente señora Uppington.

Sin embargo, a lo largo de todos nuestros años de matrimonio, me di cuenta de que si hacerlo de esa manera es tan importante para ella, mejor que también lo sea para mí. Ayer recibimos a una pareja que yo conozco, pero que Sande nunca había visto. Con unos pocos días de anticipación le avisé a mi esposa que esta pareja vendría para una cena informal y sencilla, y que ellos traerían una pequeña hielera llena con comida que nos permitiría salir a pescar en bote. ¿Qué hizo la señora Uppington? Planificó un elaborado y elegante menú con suficiente comida como para alimentar a todo el vecindario, incluyendo una entrada servida en compoteras de cristal individuales, y torta casera con helado de frutillas. Hasta puso la mesa con unas copas para agua que deberían medir (y Dios es mi testigo) casi cuarenta centímetros de alto. Apestaban a formalidad y parecían hechas a medida para jirafas. La verdad que me causó gracia. Para mi amada esposa eso era una cena *informal*.

Pero la visita femenina quedó encantada con todo. Le gustó mucho la presentación.

Yo no podía creerlo. Le dije al grupo: «¿Y qué me dicen de las copas altas?».

«¡Me encantan!», dijo la mujer con entusiasmo.

Me reí. «¡Qué bueno! No son mis favoritas».

Pero mi esposa rio última. «Querido, mira tu vaso».

Eso hice. Ella había colocado un vaso muy pequeño junto a mi plato. Era el único en la mesa. Todos los demás tenían las copas altas de jirafa.

Lección aprendida.

Caballeros: dejen que sus damas sean damas. La «meticulosidad» que ven en los detalles es lo que las hace ser quienes son... y es parte de la mística que hizo que te enamoraras de ella en primer lugar.

Así que adelante, sé hombre. Eructa... pero no en presencia femenina. Córtate las uñas con los dientes cuando el semáforo esté en rojo.

Solo espera encontrar, en la niebla de tu masculinidad, algunas copas altas de jirafa de las mujeres de tu vida.

Guía rápida de referencia de un buen padre:

- Tu hija no es un muchacho.
- Tu trabajo: servir, proteger, defender, tomar riesgos calculados y resolver problemas.

TRES

Conoce a tus patitos

Por qué es importante que papá pato conozca de manera individual a cada uno de los pequeñitos miembros de la bandada.

Soy un veterano canoso. He comprado más de un sostén de entrenamiento, aun cuando no había nada que entrenar. He corrido a la farmacia a comprar protectores diarios, nocturnos, con alas, para esos días y para «casi» esos días. He mirado por la ventana de la sala y visto a una de mis hijas al costado de un auto besando a un muchacho (un muchacho que yo ni siquiera conocía). Eso ciertamente me provocó algunos pensamientos profundos. He escuchado a mis hijas gritarse: «No vas a usar ni mi suéter ni mi falda. ¡Lo usaste la semana pasada y me lo devolviste sucio!».

He atravesado las batallas. Una de las cosas más importantes que aprendí es la importancia de llegar a conocer a cada hija de manera individual.

Las patitas Leman

En nuestra casa de veraneo en Nueva York, familias de patos se pasean por nuestro jardín en grupos; a veces nueve, otras veces cuatro, cinco, o seis, y a veces solo papá y mamá pato con un solo patito. Sin embargo, cuando nuestro jardín está plagado de hordas de patos, los cuales me parecen exactamente iguales, esos papá y mamá patos distinguen a sus pequeños de los demás. Papá pato lidera con orgullo a su bandada a través del parque hasta el estanque, con mamá pato al final del grupo, arreando a los más lentos de la bandada de modo que nadie se quede atrás.

Sande y yo tenemos cinco patitos de los cuales cuatro son hembras. A pesar de que todas son Lemans de pie a cabeza, ninguna es igual a la otra. El secreto para mí como padre es descubrir cada una de sus características individuales y tenerlas en mente al relacionarme con ellas.

Justamente esto es lo que quiero destacar.

Holly

Holly, nuestra primogénita, fue como la ratita de laboratorio de la familia. Sande y yo lo tenemos que admitir. De hecho nos excedimos en todo con ella. Después de todo, Sande había perdido dos embarazos antes de quedar embarazada de Holly, lo que significó que ella fue más esperada y especial que muchos otros primogénitos. Caminábamos en puntas de pie cerca de ella y tratábamos de mantener la casa en silencio cuando dormía porque ella era todo un personaje. Si teníamos que ir a algún lado, y eso implicaba despertar a Holly, nuestra conversación se parecía a la siguiente:

«Cariño, tenemos que irnos. Despierta a Holly».

«No, no voy a despertarla. Lo hice ayer. Es tu turno».

«Pero...».

Verás, Holly se despertaba lista para pelear. Dormía siempre con una cobijita con un nudo que parecía algo que había sido hecho pedazos con un machete. Siempre la tenía debajo de su brazo como un balón de fútbol americano, y si te tocaba despertarla... mejor que te agacharas.

Como padre aprendí que no debía hablar con Holly temprano en las mañanas; sencillamente debía esperar hasta que ella se acercara y estuviera completamente despierta. Sin embargo, esa misma hija hoy es directora y profesora de inglés; tiene una gran paciencia; está casada con Dean, un hombre maravilloso; y tiene todas las cualidades de mi esposa. Pero no debes hablarle por la mañana, ya que tiene las características de mapache de su madre.

> Holly se despertaba lista para pelear.

A los dos años de edad Holly ya podía leer. De verdad, podía. Cuando ella tenía dos y medio un día mi hermano mayor vino a visitarnos. Viéndola «leer» me dijo: «No está leyendo, sino que memorizó el libro».

Holly lo escuchó, miró a su tío Jack y deletreó: «S-A-L-I-D-A, tío Jack». Sí, definitivamente tenía un gran manejo del idioma inglés, y no dudaba en usarlo para lograr sus propósitos.

Un buen ejemplo es lo que sucedió cuando ella tenía cuatro años. Un día me dijo que había decidido abandonar el preescolar, el cual debido a la llegada de una nueva administración se había transformado de una experiencia cálida y amena a un centro experimental de aprendizaje.

«Bueno», le dije, «si no vas a volver al preescolar tienes que llamarlos y decírselo».

«Pero no tengo su número telefónico», me dijo mi primogénita. Decidí seguir su juego. «Aquí esta».

Holly me dio las gracias. Marcó el número y le dijo a la persona que contestó su llamado: «Habla Schlolly Leman» (no podía pronunciar bien su nombre *Holly*), «y no voy a ir más a esa escuela».

Nunca regresó.

Algunos años más tarde me tocó realizar una firma de autógrafos en una librería. Holly quiso ir conmigo. En el camino ella me preguntó si podía recibir uno de mis libros. «Por supuesto», le respondí. Nunca desalenté a ninguno de mis hijos que quisiera leer un libro.

Sin embargo, dejamos la librería sin haberle dado su libro. Me di cuenta una hora después y le pedí disculpas.

«No te preocupes, papi», me dijo. «Ya lo leí».

Ella había leído todo el libro mientas estábamos en la librería.

Cuando fuimos a nuestra primera entrevista con el maestro del jardín de infantes de Holly, el docente nos informó que a Holly le estaba yendo bien, que se estaba adaptando al jardín y que sabía todo lo que tenía que saber y hasta un poco más. El maestro nos dijo que Holly tenía afinidad por las palabras y que era muy perspicaz. Un día el maestro estaba tratando de explicar a los niños cómo se producía la lluvia. Por lo que tomó algunos cubitos de hielo y los sostuvo hasta que el calor de sus manos los derritió. «Así es la lluvia», explicó.

«Sr. Wortman», dijo Holly, «eso no es lluvia. Es agua de hielo».

¡Oh, sí!

Holly es la misma niña que preguntó: «¿A qué hora saldremos, papi?».

«Cerca de las diez», le contesté.

«Papi, ¿a qué hora exacta saldremos?».

«Saldremos a las 10:10», le respondí.

«Gracias, papá», me dijo.

Ella tenía la necesidad de conocer los detalles. Estudiaba el problema desde todos los puntos de vista.

Así son los primogénitos.

Los primogénitos están preparados para el éxito, para el liderazgo y el reconocimiento. No solo harán el trabajo, sino que lo harán bien. Como suelen pasar unos años hasta la llegada de sus hermanitos, los primogénitos dominan la escena del hogar por un buen tiempo. Sus modelos son los adultos, sus padres.

Como los padres reaccionamos de manera inmediata a cada uno de sus llantos, festejamos cada cosa que hace nuestro primogénito y planificamos cada detalle de su día, no es para sorprenderse que luego en su vida de adulta tu primera hija espere que le den atención inmediata, reaccione como si todo fuera un gran problema y tenga una necesidad imperiosa de saber con exactitud cuáles serán los planes para el día.

Los primogénitos son los planificadores/organizadores, hacedores de listas, gerentes y perfeccionistas del mundo. La escuela suele ser su campo de entrenamiento. Tienden a ser confiados y seguros de sí mismos en la mayoría de las situaciones. Tienen todo bajo control, se fijan metas y las alcanzan, y tienden a realizar más cosas en el día que los niños que tuvieron cualquier otro orden de nacimiento. Son grandes solucionadores de problemas.

Pero las mismas cosas que los hacen exitosos también pueden causarles problemas en sus relaciones. Otros pueden verlos como centrados en sí mismos y complicados para trabajar con ellos (los primogénitos saben cómo deberían funcionar las cosas y esperan que todos los demás estén de acuerdo). A veces tienen temor de probar cosas nuevas porque no están seguros de triunfar, y son muy críticos consigo mismos y con los demás. Nunca están satisfechos con el trabajo que hicieron. «Pude haberlo hecho mejor», se dicen a sí mismos. Se ajustan siempre a las reglas y por

> Los primogénitos están preparados para el éxito, para el liderazgo y el reconocimiento. No solo harán el trabajo, sino que lo harán bien.

naturaleza no son flexibles; el orden es muy importante para ellos. También se ponen a sí mismos y a los demás bajo mucha presión y estrés, y tienden a ser formales, sin ver el lado gracioso de las diferentes situaciones.

¿Esto te permite clarificar algunos aspectos de la vida de tu primogénita? ¿Ves ahora la importancia de aligerar un poco la pesada carga que implica ser el primer hijo?

Krissy

Lo anterior contrasta con Krissy, la segunda en nacer, quien estuvo feliz de sumarse al paseo. Ella no tuvo la necesidad de conocer los detalles de nada. Entraba saltando con ambos pies y luego comenzaba a hacer las preguntas. Cuando Krissy tenía siete años y estábamos en California un día tuvo un accidente y se quebró un brazo. Ya estando en el hospital el médico hizo lo que tienden a hacer los médicos en situaciones difíciles con niños. Nos dijeron a los padres que era el momento de retirarnos. Generalmente esta es una buena decisión porque los padres a veces podemos ser más complicados que los niños heridos. Sin embargo, con Krissy, aquella no fue la mejor decisión.

Mamá oso Sande, conociendo a su pequeña cachorra, dijo: «Doctor, no creo que esa sea una buena idea».

Pero el doctor insistió... y se llevó una sorpresa que probablemente nunca antes había tenido en todos sus años de experiencia como médico.

Verás, si Krissy se siente acorralada adopta cualidades de tejón (del tipo feroz, con garras de acero). Cuando Krissy se dio cuenta de que iba a recibir un pinchazo y que su madre no estaría allí, se puso furiosa. Tanto que finalmente Sande fue llevada de regreso a la habitación para estar allí cuando Krissy recibiera la inyección.

A pesar de que Krissy por lo general es amable y tranquila (ahora es maestra de preescolar), nunca se te ocurra acorralarla. Siempre debes ofrecerle una salida. Aprendí eso por el camino difícil más de una vez.

Por ejemplo, Krissy solicitó ingreso solo en una universidad: North Park University, en Chicago. No debería haberme sorprendido que un hijo del medio haya puesto todos sus huevos en una sola canasta, pero igual no dejé de ponerme nervioso. Especialmente con el antecedente de North Park, que me había expulsado, con buen criterio, en mi tiempo de estudiante universitario (aunque años más tarde me otorgaron el premio de alumno distinguido).

> Si Krissy se siente acorralada adopta cualidades de tejón.

Conocía bien el *campus*, pero de todos modos lo vi con una mirada distinta el día de la mudanza, cuando me di cuenta de que esa universidad ahora albergaría a mi hija. Hicimos todo lo que suele hacerse cuando llevas a un hijo a la universidad: conoces al personal, llevas cajas y maletas al dormitorio, y conoces al compañero de habitación.

En la noche había una cena de orientación en la cual los estudiantes y sus padres conocen al presidente de la universidad. Cuando Sande, Krissy y yo estábamos en la fila esperando llegar al frente, y ya a unos pocos lugares de estrechar la mano del presidente, Krissy se dirigió hacia mí diciéndome: «Necesito hablar contigo».

Levanté una de mis cejas y dije: «¿Ahora? Allí está el presidente. Hemos estado esperando en la fila...».

Pero se la veía firme en su determinación. «Necesito hablar contigo ahora mismo».

Retrocedí. Mi hija tejón estaba a toda marcha.

«Está bien. Ven aquí».

Salimos de la fila, pero Sande reservó nuestros lugares. Toda esperanza de que esa fuera una pequeña conversación fue rápidamente disipada cuando vi las lágrimas brotar de los ojos de Krissy.

«No quiero venir a esta universidad», me dijo.

Me tomó un segundo poder articular alguna palabra. Luego me las arreglé para balbucear: «¿Qué?».

Recuerda que, como te comenté anteriormente, esta era la única universidad a la que Krissy había aplicado, y ya era fin de agosto. Ella ya no tenía otras opciones. Aun así insistió: «No quiero venir a esta universidad».

«Krissy», le dije, «vuelve a la fila».

«Papi, tengo miedo. No me siento segura aquí. Por favor, no me obligues a quedarme. Quiero ir a casa contigo y con mami».

Ese mismo día pero más temprano, un palurdo al volante que iba conduciendo un camión había asustado a Krissy. Había pasado velozmente por una diagonal, a unos sesenta y cinco kilómetros por hora, y si no hubiera sido porque ella logró maniobrar para esquivar al vehículo, habría sido atropellada por el camión.

Pocas palabras captan más la atención de un padre que: «No me siento segura aquí». Pero sabía que aquel no era momento para tomar una decisión apresurada.

> Pocas palabras captan más la atención de un padre que: «No me siento segura aquí».

«Escucha», le dije, «vamos a estrechar la mano del presidente. ¿Ves a tu madre? Ya está casi en el frente. Y luego vamos a sentarnos y disfrutar juntos como familia de esta cena. Lo hablaremos después de eso».

Alicaída, Krissy volvió a la fila. No necesito decirles que fue una cena muy larga.

Krissy no comió nada, ni siquiera intentó hacer el esfuerzo de hablar con los jóvenes que estaban sentados frente a ella.

Logramos superar la cena, volvimos al dormitorio, y Sande y yo notamos inmediatamente que mientras que nosotros habíamos estado cumpliendo funciones parentales suponiendo que Krissy estaba desempacando, la hija número dos no había desempacado ni una cosa. Ni siquiera un calcetín.

Sande y yo nos miramos. Esto iba a ser más difícil de lo que pensábamos.

Hice una de las cosas más duras que jamás había hecho como padre: la dejé de todos modos.

«Cariño», le dije, «sé que estás triste y decepcionada con nosotros y quieres volver a casa, pero no voy a llevarte de regreso con nosotros. Esta es una situación nueva, y a ti nunca te gustaron las situaciones nuevas. Confío en ti y pienso que estar en esta universidad va a funcionar, pero te doy mi palabra: si en dos semanas continúas sintiéndote de esta misma manera, vendré personalmente hasta aquí para llevarte de regreso a casa».

Krissy tuvo que irse a una última reunión de alumnos. Mientras ella no estaba presente, escribí rápidamente una nota para que pudiera leerla después de que me fuera. En la nota le contaba lo orgulloso que estaba de ella y lo confiado que estaba en que ella estaría bien. Luego me contó que cuando leyó la carta lloró a mares. Ella necesitaba mi firmeza pero también que yo fuera tierno. La carta logró ambas cosas.

Durante aquellos próximos catorce días recibimos varios llamados y cartas de Krissy. Dos semanas después del día en que la dejamos, la llamé por teléfono.

«Bueno, Krissy», le dije, «tus dos semanas terminaron».

Hubo una pausa y luego un confundido: «¿Qué dos semanas?».

«Krissy», le dije con incredulidad, «las dos semanas. ¿Quieres que tome un vuelo hacia allá y te traiga de regreso a casa?».

«Papi», me contestó Krissy en aquel tono adolescente que la caracterizaba, «vuelve a la realidad». Continuó contándome lo maravillosa que era la universidad. Todos sus compañeros de primer año habían ido a visitar el centro de la ciudad de Chicago, ella estaba haciendo nuevos amigos y disfrutando sus clases.

Por una vez en la vida el psicólogo y su amada esposa habían hecho una buena jugada. Habíamos basado nuestra decisión en el conocimiento que teníamos de la personalidad de nuestra hija, de su propensión individual. No tratamos a Krissy del mismo modo que a Holly ni tampoco del modo en que hubiera manejado a Kevin II. Tratamos a Krissy como Krissy.

Los hijos del medio tienden a marchar al ritmo de un tambor diferente. Si el primer hijo va para un lado, el hijo del medio va exactamente hacia el lado opuesto. De todos los hijos ellos son los más difíciles de presionar porque los niños siempre son más influenciados por las circunstancias que están presionando directamente sobre ellos. El hijo del medio levanta la vista y no ve adultos, como lo hace el primogénito, sino a su hermano mayor.

> Los hijos del medio tienden a marchar al ritmo de un tambor diferente.

¿Cómo puede esta hija competir con una estrella protagonista como lo es la que nació primero? No puede. Entonces es lo suficientemente lista como para decidir tomar la dirección completamente opuesta. Esa es la razón por la cual tu primera hija y la del medio diferirán tanto, como el día y la noche, en intereses y personalidad.

Para empeorar las cosas, cuando nace el bebé de la familia, la del medio no solo mira a esa estrella primogénita sabiendo que no puede competir con ella, sino que también siente que no puede competir con la «ternurita» del bebé de la familia que acaba de nacer. No es de sorprenderse entonces que los hijos del medio busquen amistades fuera de la familia y sean menos propensos a confiar en los miembros de la familia. Son maestros para relacionarse, excelentes para mediar y negociar, ya que en casa siempre quedan en el medio. También tienden a ser más reservados, independientes, diplomáticos y comprometidos en situaciones sociales.

Los hijos del medio se dan cuenta de que la vida no es justa porque ciertamente lo han experimentado en el hogar, quedando atrapados en medio de dos hermanos. Tienden a ser realistas, tomadores de riesgos, se las arreglan solos y saben cómo llevarse bien con los demás. Son pacificadores con gran capacidad para ver los asuntos desde ambos lados.

Nuevamente las mismas cualidades positivas que los convierten en buenos en lo que hacen pueden devenir negativas. Los hijos del medio pueden ser desconfiados o cínicos porque en alguna medida han sido ignorados por sus familias. Tal vez se sientan inferiores por ser desatendidos. Pueden rebelarse porque sienten que no encajan. Los miembros de la familia pueden verlos como tercos, cabezas duras o no dispuestos a cooperar. Dado que quieren la paz a cualquier precio otros pueden sacar provecho de ellos. El no querer ofender a sus amigos puede nublar su buen juicio y decisiones. También puede llevarles un tiempo largo admitir que necesitan ayuda, ya que no es fácil compartir los sentimientos con los miembros de la familia.

¿Todo esto encaja con tu hija del medio? Dado que la del medio suele ser el último orejón del tarro, estrujada entre la princesa heredera y la pequeña reinita, debes trabajar duro para afirmarla y ayudarla a expresar sus sentimientos. Si quieres darle un trato que nunca olvide debes pasar tiempo a solas con ella. Y mejor aun si lo haces con cierta regularidad para que ella pueda contar contigo. No incluyas a otros hijos sin importar cuánto te supliquen. Y asegúrate de tomarle muchas fotografías ya que los hijos del medio suelen tener muchas menos fotos en sus álbumes de fotos que los primogénitos y los bebés de la familia con los que compiten. Echa un vistazo a tus álbumes familiares y verás exactamente a qué me refiero.

Hannah

He visto a todas mis hijas ir en direcciones diferentes. Afrontémoslo: algunas hijas te preocupan más que otras. Hannah es nuestra cuarta hija y fue la beba de la familia por más de cinco años antes de que naciera Lauren y comenzara casi una nueva familia.

Retrocedamos en el tiempo a una mañana en que Hannah tenía nueve años y yo la dejé en la escuela. Le di un beso de despedida y la observé guardar sus cosas en su mochila y colgársela sobre sus hombros. Luego encaró hacia la entrada del colegio, hizo unos veinte pasos y de repente vi a su flauta salir volando de la mochila y aterrizar en el pasto. Supuse que ella la escucharía caer y miraría hacia atrás para recogerla. Pero nada de eso, ella siguió caminando. Unos pocos pasos más y cayó un libro. Luego otro. De modo que ahora tres de sus elementos personales estaban en el pasto.

Estiré mi mano hacia ella y miré al cielo. Le rogué a Dios: «Por favor cuida a Hannah».

Hoy Hannah es la persona más cordial, paciente y apacible de nuestros hijos. También tiene muchas de las cualidades de su madre. Es gerente de marketing para una organización sin fines de lucro que trabaja principalmente en África y hace un gran trabajo integrando las culturas norteamericana y africana con gran facilidad.

Esta semana mientras conversábamos me dijo lo siguiente: «Papi, ¿recuerdas aquella vez que me despertaste a la medianoche con motivo del baloncesto?».

No pude evitar sonreír. «Por supuesto».

Los miembros de la familia Leman somos grandes fanáticos del deporte, especialmente de la universidad de Arizona. En 1997 los Wildcats ganaron el campeonato nacional de baloncesto por primera vez. Se organizó una gran celebración en el centro McKale que comenzaría a las ocho o nueve de la noche, si mal no recuerdo. Yo iba a llevar a Hannah conmigo a los festejos. Ella estaba muy entusiasmada.

Luego las noticias reportaron que el avión se retrasaría. Los jugadores no llegarían sino hasta después de la medianoche. Hannah tenía diez años de edad en ese entonces.

Cuando mamá oso escuchó acerca del cambio de horario, dijo: «Hannah: cariño, no puedes ir. Es demasiado tarde y tienes que ir al colegio al día siguiente».

Ese día Hannah se fue a dormir llorando muy triste.

«Pero papi», me dijo esta semana, «recuerdo que me despertaste a la medianoche, me acariciaste la espalda y susurraste: "Hannah, vístete. Iremos al centro McKale"». Ella rio. «Esa fue una de las cosas más divertidas que jamás hicimos».

Había unas quince mil personas en el evento y el lugar estaba desbordado. Los fanáticos estaban absolutamente acelerados y entraron a toda velocidad, como solo pueden hacerlo los fanáticos de un deporte. Pero Hannah me dijo que el día siguiente fue aun mejor que el evento mismo; estaba un poco somnolienta pero dijo que había valido la pena. Todos los chicos de la escuela estaban hablando acerca del evento y lamentándose por no haber podido ir a causa del horario. Entonces Hannah les dijo: «Mi papá me despertó y fuimos solo nosotros dos». Sus compañeros quedaron boquiabiertos.

«Eso significó mucho para mí, papi», me dijo. «Me hizo sentir muy especial. Fui la chica más afortunada de le escuela ese día».

Hannah es una de mis cuatro hijas. En una ocasión les pedí a todos mis hijos que pusieran sus nombres en mi teléfono celular nuevo. Uno de ellos ingresó el nombre *Hija favorita*. Esa fue Hannah. Como padre quieres que todos tus hijos sientan que son tus favoritos.

Y lo son, cada uno de ellos de una manera única.

Todos aplauden a la estrella primogénita en casi todas las áreas de la vida; la del medio tiene todo un grupo de amigas leales; pero la niña más pequeña es la que tiene el trabajo servido en bandeja. Ella tiene que descifrar cómo llamar la atención, por lo que suele ser la más social de los hijos. Es encantadora, orientada a las personas, comprometida y tenaz, eso se debe a que muy temprano en la vida aprendió el modo de presionar los botones correctos de sus padres y hermanos para obtener lo deseado. El hijo más pequeño no es complicado ni difícil de descifrar a diferencia de los hijos nacidos en el medio. Tiende a ser el miembro de la familia que tiene más de un apodo cariñoso, a diferencia de sus hermanos mayores quienes suelen ser llamados por sus nombres.

Las personas generalmente adoran a los que nacen últimos. Después de todo, son simpáticos, agradables para entablar una conversación, solidarios y amables, y predispuestos a ayudar. No tienen segundas intenciones, siempre son divertidos y graciosos. Saben cómo hacerse notar, y no aceptan un «no» como respuesta, insisten hasta obtener lo que quieren. Lo repito, pasan mucho tiempo manipulando a sus hermanos mayores para que hagan cosas por ellos, así que han desarrollado ese tipo de habilidad para negociar muy bien.

Los más pequeños son muy buenos manipulando a los padres para obtener lo que quieren, moviendo las pestañas o dejando caer una simple lágrima. He visto negociadores duros como rocas, conocidos en el mundo de los negocios por forzar a hombres maduros a una aceptación humilde, derretirse ante los ojos llenos de lágrimas de una hija de tres años.

> Los que nacen últimos son simpáticos, divertidos, agradables para entablar una conversación, solidarios y amables, y predispuestos a ayudar.

¿Su aspecto negativo? Los bebés de la familia pueden parecer improvisados e incluso descarados, impacientes, malcriados o temperamentales. Están acostumbrados a que otros les den una mano y los ayuden con sus trabajos (después de todo esos hermanos mayores pueden hacer cosas de un modo más fácil y rápido porque ya lo han hecho antes), así que los últimos pueden ser perezosos. También son muy confiados. Otros pueden sacar provecho de ellos con facilidad porque toman decisiones basadas en sus sentimientos.

¿Esto se parece a tu hija, la bebé de la familia? Seguro, es encantadora y se roba tu corazón. Pero si la dejas manipularte será atraída hacia alguien como tú, alguien a quien pueda manipular y controlar. Así que hazle un favor a tu futuro yerno. Enséñale a tu hija el sentido de la responsabilidad, hacerse cargo de sus acciones. Si lo haces tu efusiva y alegre hija logrará el sentido de organización, compasión y comprensión que necesita para hacer un impacto significativo en su mundo adulto.

Lauren

La última de nuestras hijas, Lauren, esencialmente tiene un temperamento de primogénita, debido a que pasó más de cinco años sola en nuestro hogar. Sin embargo, como es la menor en nuestra familia de cinco hijos, también tiene alguna de las características divertidas propias de un bebé de la familia.

¿Recuerdas cuando te comenté cómo se despertaba Holly por las mañanas? Compara eso con Lauren, la última, quien durmió en una cuna en nuestro vestidor durante los veranos que pasamos en Nueva York. A veces nosotros nos encontrábamos en la planta baja de la casa mientras ella se despertaba y la escuchábamos cantando felizmente en su cuna. Cuando subíamos a buscarla siempre nos esperaba con una enorme sonrisa.

Cuando Lauren estaba en el preescolar recibimos un llamado de la escuela, de esos que los padres nunca quieren recibir. «Lamento informarle que no podemos hallar a su hija».

Un rato después llamaron nuevamente para avisarnos que ya la habían encontrado.

Durante el recreo los alumnos habían jugado a la mancha congelada. Es un juego en el cual, si alguien te toca, debes permanecer quieto hasta que alguien te descongele. La pequeña niña con la que Lauren jugaba siempre (su compañera de fechorías) estaba enferma en su casa ese día. Entonces, cuando sonó el silbato no estaba allí su compañera para darse cuenta de que Lauren permanecía de pie como petrificada en la esquina del patio de juegos. No iba a moverse. Después de todo, las reglas eran que alguien debía tocarte para que luego pudieras moverte. Esa es una hija primogénita/única cumpliendo con las reglas del juego.

Hoy Lauren está en la universidad. Ella ganó una beca de $80.000 para asistir. Como emprendedora lanzó dos negocios en el sitio etsy.com: LByours y Miniature Literature. Ella crea la joyería más sensacional. Los jóvenes y viejos la aman. Es muy creativa, inventiva, meticulosa y detallista. No es una chica a la que tengas que estarle atrás o darle demasiadas indicaciones. Tiene muy buen criterio, distinguiendo los momentos buenos y malos. Es compasiva con los demás, una joven con un carácter ideal.

Los hijos únicos tienen las características positivas y negativas de los primogénitos multiplicadas por diez. Son superexitosos, perfeccionistas y concienzudos al máximo. Se relacionan más con adultos que con niños de su edad, y le ganan a cualquiera en el juego de la vida. No necesitan que nadie los organice, haga planes o resuelva problemas por ellos.

> Los hijos únicos tienen las características positivas y negativas de los primogénitos multiplicadas por diez.

Pero esas cualidades que los hacen altamente exitosos en sus profesiones también pueden ser muy dañinas en sus relaciones. Su precisión, detallismo y perfeccionismo pueden jugarles en contra a menos que aprendan a manejar sus propias expectativas.

¿Esto se parece a tu hija única? Si es así hazle tres favores: aliviánale las cosas (especialmente si tú eres alguien demasiado crítico); enséñale a ser compasiva con los demás y a reconocer que lo que otros piensan y sienten es importante; encuentra algo que les haga reír juntos cada día. Si haces estas tres simples cosas le darás a tu hija única las alas que le permitirán planear toda una vida.

Examen sorpresa

¿Qué tan bien conoces a tu hija en edad escolar y a su mundo?

1. ¿Quién es la maestra de tu hija?
2. ¿Cuál es su materia más difícil?
3. ¿Cómo se vistió ayer? (Sé más específico que «con ropa».)
4. ¿Cuál es su músico o grupo musical preferido?
5. ¿Quién es su mejor amiga? ¿Su último enamoramiento?
6. ¿A qué huele su habitación?
7. ¿Cuál es su comida favorita?
8. ¿Cómo se llama su pediatra o doctor?

¿Te siguen tus patitos?

Volvamos al ejemplo del papá y la mamá patos, y a sus patitos de los comienzos de este capítulo. Un zoólogo austríaco, Konrad Lorenz, hizo un estudio fascinante sobre el período de aprendizaje de estos animales. Dividió en dos grupos a los huevos puestos por una gansa. A uno de los grupos lo dejó con mamá gansa, mientras que el otro fue empollado en una incubadora. Los bebés empollados por la madre la seguían, pero el grupo incubado seguía a Lorenz. ¿Por qué? El investigador Eckhard H. Hess dice que «cuando los patitos rompen el cascarón el primer objeto en movimiento que ven suele ser su madre. Proceden a seguirla. Sin embargo, si ven otro objeto en movimiento lo siguen a ese en su lugar».[1]

Así como existe un período crítico de aprendizaje en la vida de un pato, las experiencias tempranas de un ser humano también son críticas. Los investigadores desarrollaron tres teorías:

1. «Los primeros hábitos son muy persistentes y pueden evitar la formación de nuevos hábitos».
2. «Las primeras impresiones afectan profundamente todo el aprendizaje futuro».
3. «Los primeros contactos sociales determinan la conducta social adulta».[2]

Según el sitio web AnimalBehaviour.net, la impronta o período de aprendizaje en los patos ocurre de veinticuatro a cuarenta y ocho horas después de romper el cascarón. «A través de diversos experimentos, polluelos y patitos recibieron esta impronta de humanos, bloques de madera y hasta botas de goma. Establecían un vínculo con un único objeto y lo seguían a donde fuera, y esta relación continuaría formando una asociación de por vida».[3] Lo que es más llamativo todavía, es que la impronta sería irreversible.

Aunque el período de impronta en seres humanos no está definido de forma tan marcada como en las aves, los investigadores creen que este lapso se encuentra dentro de los primeros seis meses de vida.[4]

¿Ves padre, por qué es tan fundamental que pases tiempo con tus niños cuando ellos son pequeños? ¿Por qué es tan necesario que ayudes a tu esposa con el bebé recién nacido y el niño pequeño? ¿Por qué debes estar disponible para ese bebé deambulador, esa hija que está en la escuela primaria y la que está en la secundaria? Si quieres marcar una diferencia en la vida de tu hija debes pasar tiempo «dejando una impronta» en ella (tus valores, tus prioridades, tu perspectiva). Mientras más tiempo dejes pasar más difícil es dejar una impronta en tus hijos. Tus patitos seguirán a alguien. ¿No quieres que ese alguien seas tú?

La etapa de crecimiento de tu hija en el hogar es un período crítico en el cual deben establecerse las conexiones familiares. Tus hijas necesitan recibir de parte tuya amor, seguridad y aceptación.

> Solo tienes un intento en la paternidad; haz que sea el mejor.

Toma el consejo de un padre de cuatro mujeres: esas pequeñas crecen demasiado rápido. Si tu hija aún está en la etapa en la que viene corriendo a tus brazos, abraza tu cuello y te colma de besos de bienvenida, ¡disfruta esos momentos! Solo tienes un intento en la paternidad; haz que sea el mejor. Ponle todo el entusiasmo que puedas. Tus hijas merecen un padre involucrado.

Cómo conocer a tu hija

Padre: ¿qué tan bien conoces a tu hija? ¿Has notado sus peculiaridades? ¿Su personalidad? ¿Sus temores? ¿Aquello que la hace reír? ¿Qué le interesa?

Eres un hombre, y los hombres usan muchas menos palabras que las mujeres. También somos maestros resumiendo. Queremos saber solo lo más destacado, no cada detalle de la historia.

Un día Sande y yo estábamos en el carro cuando Hannah nos llamó por teléfono.

Yo atendí. «Hola, hijita. ¿Qué hay de nuevo?».

«¡Becca, mi compañera de cuarto, se comprometió!», dijo con entusiasmo.

«Genial. Se comprometió. Qué lindo», respondí.

Sande cogió el teléfono y se sumó al entusiasmo. «Oh», gritó, «¿te gusta la alianza? ¿Es de oro blanco, amarillo o de plata?». Casi sin pausa, las preguntas comenzaron a fluir como balacera: «¿Los padres de Becca lo aprecian? ¿Ya fijaron la fecha para la boda? ¿Estás invitada? ¿Ya pensó qué vestido se va a poner?...».

Sande recitó de un tirón al menos quince cosas que yo jamás hubiese pensado preguntar.

Si fuera a preguntarle a mi hija sobre la boda: ¿qué le preguntaría? Me tomaría una hora tan solo formular las preguntas. Y así y todo, lo que se me ocurriría sería muy diferente. Serían cosas como:

«¡Ey!, ni siquiera tiene edad para casarse. ¿Qué edad tiene de todos modos?».

«Tiene veintidós, papi», diría Hannah con el tono arrogante heredado de su madre.

Y yo pensaría: *Todavía no tiene la edad suficiente.* Y luego pensaría: *¿Su padre tendrá un arma?* Y cosas similares como: *Espero que no haya animales en la boda* y *espero que esto no te dé ideas raras.*

Para mí esta conversación era tan superficial que ni siquiera supe cómo relacionarme con mi esposa e hija. Pero compara eso con la reacción de mi esposa, quien estaba como loca, genuinamente emocionada con el compromiso de Becca.

Con razón tantos hombres se acobardan y no hablan en las bodas. Saben que no tienen absolutamente nada que ofrecer.

> Padre, déjame señalarte algo obvio: tu niña no es un niño.

Padre, déjame señalarte algo obvio: tu niña no es un niño. Ella piensa de modo muy diferente al tuyo. Habla de manera distinta a ti. Y sus respuestas emocionales son diferentes a las tuyas.

Eso hará que tu relación no siempre sea sencilla de manejar pero de seguro nunca será aburrida.

Tu patita necesita que tú comprendas que no solo son suficientes tus palabras, también precisa oraciones y párrafos completos. También necesita que escuches pacientemente muchos más detalles acerca de su vida y la de sus amigas. Debes adentrarte con confianza en aquellas áreas en las cuales muchos hombres tienen temor de enfrentar. Pero debes hacerlo por amor a tu patita.

Mike, un padre de treinta y un años, se me acercó con un problema único. «Eeeeeh, Dr. Leman», me dijo dubitativamente, «usted mencionó en su seminario que deberíamos entrar en el mundo de nuestras hijas. Mi hija tiene siete años y en lo único que piensa todo el día es en el ballet. ¿Qué tan exactamente se supone que deba entrar en su mundo?».

Me reí. «Bueno, no te verías bien en un tutú rosa. Pero puedes ir a todas sus presentaciones, verla girar en la sala de tu casa e incluso buscar con ella trajes y espectáculos de ballet en la Internet».

Un mes después Mike me escribió una nota para contarme que había llevado a su hija a una presentación especial del *Lago de los cisnes* con una compañía de teatro rusa, en una ciudad cercana. Lo que es mejor, uno de sus compañeros de trabajo también lo acompañó con su hija.

Ahora, eso es un padre que ama a su hija lo suficiente como para arriesgarse a invitar a otro hombre a lo que algunos menos seguros llamarían un evento «pomposo». Sigue así, Mike, tu hija nunca olvidará lo que hiciste por ella. A los ochenta años seguirá contando la historia a sus nietos, quienes la escucharán atentamente con los ojos bien abiertos.

Matt es el padre de dos niñas: Stephanie, quien tiene casi dos años, y Kendra, de cuatro. Él proviene de un hogar en el cual su madre crio prácticamente sola a él y a su hermano; su padre casi siempre estuvo ausente. Pero Matt, desde el comienzo de su paternidad, decidió que la vida fuera diferente para sus hijas. Cuando notó que a su hija Stephanie le fascinaba apilar cosas, la llevó a una tienda y juntos escogieron un hermoso juego de bloques de madera. Esa es su actividad de padre e hija más divertida: ver lo que pueden construir juntos. «Mis dos hijas son tan diferentes como el día y la noche», dice Matt. «A Kendra le gusta mucho dibujar. Yo solo puedo hacer figuras de palitos». Pero cada tarde los encontrarás a los dos con sus panzas sobre el piso de la cocina, con una hoja grande y blanca y unos cuantos crayones o lápices. Matt exhibe orgulloso algunos de sus dibujos en la pared de su oficina.

Luego está Luther, cuya hija de quince años es una pianista prodigio. «Yo solo puedo tocar la radio», dice él. Sin embargo, ha trabajado duro para acomodar sus horarios de manera tal que le permitieran estar en casi todos los conciertos y recitales de su hija. La semana pasada incluso la llevó a un enorme negocio musical que estaba ofreciendo rebajas. «Para mí fue como entrar a un mundo completamente extraño», admite, «pero mi hija lo amó. Me volví con unos pocos billetes en mi bolsillo pero con una hija rebosante de alegría, que no podía esperar para contarle a su madre todo acerca de nuestra fascinante salida».

Stefan es un padre viudo, cuya esposa murió hace cuatro años. Sus dos hijas ahora tienen once y doce años, a quienes les gusta mucho el maquillaje. Él no tenía idea siquiera de cómo se usaba un lápiz labial. Así que le pidió ayuda a Melanie, una íntima amiga de su esposa, que desde siempre había sido como una tía para las niñas. Stefan le dio setenta y cinco dólares, le pidió que llevara a las niñas a comprar maquillaje, y luego les dijo a sus hijas que una sorpresa las estaría esperando al regresar. Las chicas volvieron contentas con sus elementos de maquillaje a una cocina transformada. Su padre había trasladado su gran espejo de tocador a la mesa, apoyándolo contra la pared y con un cartel con la frase: «fiesta de maquillaje». También agregó algunos banderines y un rollo de papel para limpiar el desorden. Hasta había comprado pizza y palitos de pan, y los había cortado en pequeñas piezas para hacer un «copetín elegante», y sirvió jugo de frutilla y banana en las sofisticadas copas de cristal de su esposa. Te puedo garantizar que esas muchachas nunca olvidarán lo que su padre hizo por ellas aquel día.

Y para Stefan y las niñas hubo una gratificación extra. Su amor y creatividad por sus hijas conmovió el corazón de Melanie de tal manera que su creciente admiración hacia él se transformó en amor. En tres meses ella y Stefan se casarán. Las niñas, que serán las damas de honor, no pueden estar más entusiasmadas con la idea de que Melanie se una a la familia, porque saben que su mamá también la amaba.

Así que, papá, ¿qué le interesa a tu hija? ¿Cómo puedes entrar en su mundo esta semana? No hay nada más masculino que ser el padre que tus hijas necesitan, incluso si sientes que tienes que ir al gimnasio y levantar pesas, o salir a correr y transpirar un poco para lograr que tu testosterona vuelva a fluir.

El momento para empezar es ahora. No esperes. Como dijo mi amiga Anne Ortlund: «Los niños son como cemento fresco». Sin embargo, con el paso del tiempo, el cemento comienza a endurecerse y los cambios se producen con mayor lentitud. Tu hija tal vez tenga dos, cuatro, diez, quince, diecinueve o veintiséis años. Sea cual fuere la edad y etapa en la que se encuentre, todavía estás en el asiento de conductor para manejar la conexión padre-hija. Debes comenzar amándola de manera personal y generando una relación cercana.

Las cuatro cosas más importantes que tiene que hacer un padre

1. Escúchala.
2. Toma la iniciativa.
3. No supongas nada... nunca.
4. Sé delicado.

El poder del amor personal

Cuando llegues a conocer a tu hija como individuo, se convertirá en algo natural para ti tratarla del modo que mejor funciona de acuerdo a su orden de nacimiento y personalidad. Por ejemplo, volvamos al caso de mi segunda hija Krissy y su experiencia de transición a la universidad.

Como conocía bien a Krissy, sabía que no sería justo abandonarla en North Park a pesar de que ya había comenzado a establecerse luego de ese par de primeras semanas difíciles. Sabía que sería cuestión de tiempo antes de que comenzara a extrañar. Así que, como viajo mucho por negocios, decidí comenzar a hacer largas escalas en Chicago. Las aerolíneas te permiten permanecer hasta cuatro horas en un aeropuerto hasta tomar tu próximo vuelo sin cobrarte ese aeropuerto como un destino aparte.

La primera vez que hice esto quería que fuese especial, así que llegué a la universidad sin haberle avisado antes a Krissy. (Ahora, si esa hubiese sido Holly, nuestra primogénita, tendría que haberle informado el minuto exacto en que llegaría. ¿Ves a lo que me refiero con tratar a tus hijas de manera diferente?) Tenía que ir al edificio académico para averiguar dónde estaría Krissy, y me aseguré de tener el tiempo suficiente para llegar allí antes que ella. Averigüé que tenía clase de biología en un auditorio.

Diez minutos después ella caminaba hacia su clase cuando vio a su papá enfrente. Quedó con la boca abierta y su cara se iluminó; el amor que percibí de ella me hizo sentir feliz de haberme tomado el tiempo de visitarla.

«¿Cómo sabías dónde estaría?», gritó.

«Fui al edificio académico y pregunté».

«Genial», dijo incrédula.

Ella se sintió especial. Durante esas dos horas y media que pasamos juntos supo que estaba en el centro del corazón de su padre. Tuvimos un excelente tiempo juntos almorzando, conversando, y poniéndonos al día de nuestras vivencias. Obvio que intercambiamos cartas y llamadas pero no hay nada como mirarse directamente a los ojos.

> Durante esas dos horas y media que pasamos juntos supo que estaba en el centro del corazón de su padre.

Esto lo repetí durante toda la permanencia de Krissy en la universidad. Durante el segundo año universitario de Krissy, Sande y yo fuimos a México. Hablé para la Young Presidents' Organizations en su universidad. Debido a las cartas que recibíamos de Krissy sabíamos que estaba enfrentando otro bajón, por lo que para el viaje de regreso convencí a la aerolínea de que nos diera un boleto que nos llevara de la ciudad de México a Arizona ¡por la conveniente ruta de Chicago! Hace falta tener una enorme cantidad de millas de viajero frecuente para conseguir esa clase de favor, pero una vez que lo logramos ya no podíamos esperar más para llevar a cabo la sorpresa.

Sabiendo que las jovencitas detestan ser avergonzadas, especialmente por sus padres, Sande y yo aparecimos en el edificio de dormitorios estudiantiles usando sombreros y ponchos mexicanos. Por supuesto que fue mi idea; recuerda que soy el bebé de mi propia familia; Sande, mi clásica primogénita esposa, accedió a participar no solo porque me ama, sino porque con los años se ha ido acostumbrando a mis ideas locas.

Queríamos darle una buena sorpresa, así que le pasamos el siguiente mensaje: «Dile a Krissy Leman que tiene un paquete esperándola abajo».

Cuando Krissy bajó a buscar su paquete, ¡se encontró con los dos mexicanos!

Puede que tú tengas una hija o quizás tengas cinco hijas, pero lo importante es que estudies el carácter de cada una de ellas y utilices un estilo de paternidad diferente que concuerde con su personalidad.

No caigas en la paternidad de una «misma receta», que trata a todos los hijos de igual manera sin considerar sus necesidades específicas. Trata de que cada hijo se sienta especial. Estos métodos nos han proporcionado grandes beneficios en nuestra relación con nuestras hijas.

> Estudia el carácter de cada hija y utiliza un estilo de paternidad diferente que vaya con su personalidad.

Sande y yo recibimos una enorme reafirmación el día que se casó Krissy. Mediante una carta ella le dijo a su hermana mayor Holly (su dama de honor), que al principio estaba un poco nerviosa con la idea de casarse. También le expresó un afectuoso reconocimiento (en lugar de competencia) por el papel de Holly como hermana mayor. A continuación les detallo una parte de lo que Krissy le dijo a su hermana:

Siempre has ido primera. A mí nunca me agradó ir primera.

Será por eso que Dios me regaló una hermana tan especial

como tú. No debe ser nada fácil estar arriba sabiendo que tus cuatro hermanos te están admirando. Quiero que sepas lo especial que eres para mí y lo mucho que atesoro todos los recuerdos. Te amo con todo mi corazón. Gracias por estar a mi lado en mi boda. Significa tanto para mí que estés presente. Gracias por ser tan especial. Oro para que nuestros corazones siempre estén cercanos aunque vayamos a vivir en diferentes estados. ¡Te amo hermanita! Kris.

Como padre, sostener esa carta en mis manos fue uno de esos raros momentos en los que comprendí que el cemento fresco de Krissy se había endurecido, y el resultado era que dos «alguna vez preocupantes» hermanas habían crecido para amarse y apreciarse mutuamente en su adultez. Su relación pasará el examen del tiempo, aun mucho después de que Sande y yo hayamos partido.

Pocas cosas en la vida han sido tan gratificantes como llegar a conocer cada una de las particularidades, temores, sueños y esperanzas de mis hijas, y luego ejercer mi paternidad en función de ello. Cuando lo haces, padre, haces que tu hija se sienta especial. Como el notable bandido El Guapo le dice a sus hombres, en lo que considero la mejor de las películas, *Tres amigos*: «Los conozco a cada uno de ustedes como conozco mi propio olor».

Sande dice que tengo el olfato de un beagle. Eso ha resultado útil al lidiar con mis hijas y distinguirlas. Pero como cualquier otro padre, cuando nació mi segunda hija, primero pensé que sería un clon de la primogénita. ¡Nunca estuve más equivocado! Desde el primer día ambas fueron tan distintas como el día y la noche.

Cuando conoces a tu hija como a tu propio olor, amarla considerando su individualidad será la respuesta natural, tan simple como respirar. También tomarás las decisiones correctas para ella y estarás en camino de construir una relación de por vida.

Guía rápida de referencia de un buen padre:

- Conoce y ama a tu hija considerando su individualidad.
- Hazla sentir especial.

CUATRO

Caminando por la barra de equilibrio

Nada es más importante en la vida que tener un estilo de vida disciplinado y equilibrado... por ti o por tu hija.

¿A quién no le gusta ver los juegos olímpicos? Son muy emotivos. Algunos de los eventos favoritos de mis hijas han sido las olimpíadas de gimnasia. Hemos sudado con los atletas mientras ejecutaban sus rutinas, y nos hemos apenado ante un tropiezo o un salto fuera de los límites. Pero todos aguantamos la respiración cuando los gimnastas están en la barra de equilibrio, en la cual un pequeño bamboleo puede acabar con una carrera olímpica, o donde un desmonte puede salir mal a último momento.

Padre: tú caminas cada día en la barra de equilibrio con tu hija. En esa delgada barra de la vida todo se relaciona con el equilibrio. Nada es más importante que vivir un estilo de vida disciplinado, porque afecta todo tu presente y tu futuro. Y aquí está el secreto: si quieres que tu hija viva un estilo de vida disciplinado, tú tienes que vivir de esa manera.

Cuando Kristal, la hija de Andrew, le preguntó a su padre si podía ir al baile de la escuela con un amigo, él quedó desubicado. «Solo tienes catorce años y no irás a ningún baile con ningún muchacho por un largo tiempo. Ni siquiera puedo creer que lo hayas pensado». Continuó criticándola hasta que ella estalló en lágrimas y corrió a su cuarto dando un portazo.

¡Ay, ay, ay! Esa conducta paternal de tipo «soplaré, soplaré y la casa derribaré» no construirá nada bueno en tu relación con tu hija. Puede ser que tu padre actuara así contigo, pero te tengo noticias. Esto no le ayudará a tu relación con tu hija, especialmente en esta etapa del juego en la que ella trata de decirte de buen modo que no solo está interesada en el baile, sino también en ese muchacho que llamó su atención.

Afortunadamente Andrew no dejó la situación así. Luego de algunos minutos de «soplar y resoplar», Andrew volvió en sí. Se dio cuenta de que, sin pensar, había reaccionado exactamente del mismo modo que solía hacerlo; estaba haciendo lo que su padre le hacía a él de pequeño. La reacción vino de manera natural. Pero el resultado fue que de un modo muy efectivo había alejado a su hija.

¿Crees que Kristal volverá a preguntarle a su padre sobre un baile? ¿O es más probable que se escabulla por la puerta y se vaya, y así evitar todo el soplido y resoplido de su padre lobo? Si desalentar a tu hija se convierte en una costumbre, eventualmente ella encontrará el modo de cobrártelo, lo que incluye hacer exactamente lo opuesto a lo que tú le mandes hacer. Se denomina naturaleza humana y no eres el único que la tiene.

Así que luego de que Andrew se apenara y se diera cuenta de lo que había hecho, y pensara en lo que debería haber hecho (para empezar, abrir sus oídos y cerrar la boca), supo que debía ir a hablar con su hija. Antes que cualquier otra cosa debía disculparse.

Si tú fueses ese padre que perdió la cabeza, ¿qué dirías? Tómate un minuto para pensarlo antes de continuar leyendo.

Esto es lo que sucedió después en la historia de Andrew. Caminó hasta la habitación de su hija, la escuchó llorar, y tocó a la puerta con delicadeza. «Eh, Kristal, ¿puedo hablar contigo?».

«¡No quiero hablarte!», le respondió ella. «¡Ve y habla con mamá!».

Andrew lo hizo y, para su desgracia, descubrió que Kristal ya le había llevado la idea del baile a su madre, quien le había dado su bendición. De hecho, era el hijo de una familia amiga quien la había invitado al baile escolar. ¡Ay, ay, ay! Ahora Andrew tenía a dos mujeres descontentas en la casa.

Andrew comprendió que había reaccionado exageradamente basado en su perspectiva de «la pequeña de papá». Le gustaría mantenerla eternamente en los seis años, pero revisando el calendario notó que en realidad ya tenía catorce. De hecho, tendría quince en menos de un mes, y estaba lista para obtener su licencia de conducir. ¿A dónde se había ido el tiempo?

Con una actitud más humilde Andrew tocó a la puerta de la habitación de su hija, esta vez para decirle que lo sentía. Luego dijo: «¡Bueno!, un baile. Suena interesante, cuéntame más».

Tan pronto como un papá pasa a decir algo parecido a lo anterior, pasa a estar del lado de los padres listos, y ese es el lado del cual quieres estar. Porque si estás del lado de los padres tontos ella no te escuchará. Te hablará de manera superficial y tal vez te arroje un hueso de información, pero eso es todo.

Te pido que hagas memoria por un instante. ¿Qué hacías tú en la secundaria? Yo soy viejo, así que tengo que hacer un gran esfuerzo para recordar. Cuando tenía doce años y estaba en séptimo grado fui a un baile de noche de brujas, y bailé el «baile de la escoba» muy pegadito a una chica. También compartimos sidra y donas. Luego esa muchacha, Wendy, se convertiría en la esposa de mi mejor amigo, Moonhead.

Te pido que hagas memoria por un instante. ¿Qué hacías tú en la secundaria?

Nosotros los padres somos buenos para reaccionar con exageración, o sino, para dejar pasar las situaciones en lugar de encararlas porque parecen muy complicadas. Pero hay un camino mucho mejor.

¿Qué clase de padre eres tú?

Básicamente hay tres tipos de padres. Trata de ver si puedes identificarte a ti mismo y a tus padres en uno o más de los siguientes escenarios.

El padre autoritario

«Soy el padre. Estoy a cargo aquí».

«Cómelo. Es bueno para ti».

«Coge tu mochila ahora. Bajo ninguna circunstancia llegarás tarde a la escuela otra vez».

Muchos de nosotros crecimos con una visión autoritaria de paternidad que sostiene que los adultos son mayores, y por lo tanto, mejores que los niños. El padre autoritario es aquel que ejerce un control rígido sobre su familia. No le da ningún espacio a su hija para tener su propia opinión; siempre se hace lo que él dice. Lo único que importa es lo que él piensa. Sostiene el martillo de la autoridad paternal sobre la cabeza de su hija. Pero actuar como si su modo fuera el único y tratar de ser poderoso, solo lo hace parecer de mente cerrada. Esa conducta aleja a su hija, y efectivamente cierra su relación. Tratar de dominar a los niños tal vez dé resultado cuando ellos son pequeños y tú tienes más fuerza física que ellos. Sin embargo, poder y control generan poder y control. En algún momento de la vida la hija de un padre autoritario le hará pagar en más formas de las que él puede imaginar.

Las celdas de detención juvenil están llenas de mujeres adolescentes que dicen: «Mi padre nunca me escuchó. Nunca le importé. Él quería que se hiciera todo a su modo y solo a su modo».

Demasiadas adolescentes están experimentando embarazos fuera del matrimonio porque buscan la conexión paternal (la calidez y el amor) que sus padres no les brindaron en sus propias búsquedas de poder y control.

Muchos de los resultados de este estilo paternal son verdaderamente trágicos.

El tiempo de cambiar es ahora.

El padre permisivo

«Cualquier cosa que pueda hacer para servirte».

«¡Ah!, ¿quieres ir ahora mismo? Por supuesto. Dejaré todo lo que estoy haciendo para llevarte».

«¿Quieres las llaves del carro? Bueno. Por cierto, mañana en mi horario de almuerzo me encargaré de esas dos multas por exceso de velocidad que te pusieron».

«Mi hija no es rebelde, solo...».

Los padres permisivos son el tipo «todo vale», y los «arregladores». Algunos padres en sus intentos por asegurarse de que sus hijas estén siempre felices son muy buenos en convertirlas en manipuladoras poderosas. Pero todo lo que logran es criar a una hija que se cree el centro del universo, una hija cuyos caprichos tienen como rehenes a todos los que están a su alrededor.

Considera el ejemplo de Mary, una niña de nueve años que trabajó duro para ser la mandamás de su clase. El problema fue que su manera de hacerlo era amenazando e intimidando a otras niñas de su clase. Como sus padres siempre la encubrieron y justificaron su conducta, Mary nunca aprendió que las acciones tienen consecuencias. Cuando tenía doce años acorraló a una niña en la esquina de la escuela y la amenazó con una navaja. Afortunadamente en ese momento pasó una maestra, y Mary guardó la navaja en su bolsillo mientras la otra niña huyó. Pero los padres de la niña atacada la denunciaron, contrataron un abogado y lo llevaron con ellos a la escuela. Esta vez los padres de Mary no pudieron cambiar las consecuencias. Mary fue suspendida del colegio y se encuentra en un centro de detención juvenil, esperando una sentencia, ya que muchas otras niñas y sus familias se están animando a actuar como testigos de los abusos de Mary. Este ejemplo puede parecer extremo pero así es la vida real. Es el resultado directo de padres permisivos que tratan de suavizar la conducta de su hija en los momentos de conflicto que aparecen a lo largo de la vida; cuando lo que realmente esa pequeña necesita es algo de amor firme y grandes ajustes de actitud y conducta. La realidad es que toda la familia tiene un llamado de atención.

Lisa Belkin, escritora del *New York Times*, admitió que engañar, mentir y robar son conductas que están en ascenso, y ella hace la siguiente pregunta: «¿El problema comienza en casa? ¿Con padres que usan anteojeras y, directa o indirectamente, alientan la ambigüedad moral?».[1] Como resultado de ese artículo, una lectora llamada Wendy solicitó que la policía acudiera a su casa luego de que su hija de diecisiete años robara su tarjeta de crédito en varias ocasiones y realizara compras sin su permiso. Un oficial de policía respondió al llamado, esposó a esta joven y la sentó en el asiento trasero del patrullero mientras le explicaba qué era un delito y qué le sucedía a las personas que robaban.

¿Por qué hizo eso Wendy? Esto es lo que ella explica:

Todos cometen errores. Prefiero que mi hija aprenda las consecuencias de los errores serios mientras esas consecuencias todavía son pequeñas y no arruinan la vida de una persona. Es muy triste ver sufrir a una joven con tanto potencial pero es necesario que ella sepa que yo no voy a justificar, aceptar, tolerar o poner excusas por su mala conducta. Negar la realidad causaría un gran perjuicio a mis hijos. Si no aprenden a tomar buenas decisiones mientras están en mi hogar, la sociedad les enseñará a obedecer la ley. Sé que puedo decir que la amo tanto como para ayudarla a permanecer en el camino angosto y correcto, aquel que conduce a la libertad y la felicidad.[2]

Compara la conducta de los padres de Mary con la de Wendy. ¿Realmente quieres ser manipulado por tu hija? Cuanto más pronto aprenda tu hija que la vida no se trata solo de ella, y que las ideas y opiniones de otras personas también importan, mejor será para ti, para ella y para el resto del mundo.

Muy a menudo cuando existe un padre autoritario en el hogar, también existe uno permisivo. En general el autoritario suele ser el papá y la permisiva la mamá, quien desea que sus hijos sean felices y por consiguiente les da más permisos. Ambos extremos de paternidad son perjudiciales para el bienestar de una hija. Y es peor aun cuando el padre (o madre) permisivo le permite controlar la situación a la hija a espaldas de la madre (o padre) autoritaria.

El padre con autoridad

El padre con autoridad es un padre equilibrado que entiende que cada hijo es diferente. Algunos niños se someterán y arrepentirán con una simple mirada de desaprobación parental. Otros te desafiarán cara a cara para asegurarse lo que quieren. El padre con autoridad sabe cómo navegar en ambas personalidades de modo que pueda sacar a relucir lo mejor de cada hija.

Puede que no siempre le agrades a tu hija, pero ella necesita las guías que le provees porque significan seguridad para su vida. Sin esos límites se sentirá insegura respecto de su papel en la familia y de su lugar en el mundo.

El padre con autoridad comprende que Dios todopoderoso no hizo a una persona mejor que a otra, pero nosotros como padres hemos vivido más tiempo que nuestros hijos y por lo tanto sabemos más acerca de las consecuencias de nuestras acciones. También tenemos un papel diferente en cuanto a las responsabilidades.

Papá: tú eres el adulto, así que actúa como tal. Como es seguro que amas a tu hija le proveerás los servicios básicos para la vida: comida, refugio y un iPhone. Pero lo que más necesita es tu mano firme y rectora, y tu amor incondicional. Cuando ella requiera un llamado de atención, necesita que de modo directo y amoroso tú le digas las cosas como son. Ella también necesita que tú sepas que cuando está en algún lugar en el que no quiere estar, la primera persona a la que ella puede llamar sin ser cuestionada es a su papá, quien irá en su ayuda.

Esa es una relación en la que puedes invertir toda una vida.

¿Pero cómo se lleva a cabo en la vida real?

Volvamos a Andrew, el padre cuya hija Kristal quería ir al baile. Lo que él debe hacer ahora es acompañar a su hija a comprar ese vestido especial para el baile y decir: «¡Increíble!, ese vestido es hermoso. Te queda genial. Has hecho una elección fabulosa». Un padre que le brinda la admiración masculina que ella anhela le estará dando un regalo de por vida. Si no tratas a tu hija con respeto y admiración, entonces algún muchacho que no tenga buenas intenciones le dirá cosas agradables, cosas que no quieres escuchar. Sin tu afirmación las posibilidades de que tu hija caiga en esa trampa son mucho más elevadas.

Los padres generan problemas cuando se van a uno de los extremos del espectro (el autoritario/dictador o el permisivo/vale todo). Si estás casado debes estar de acuerdo con tu cónyuge en lo que a disciplina se refiere. Mamá y papá discuten las decisiones antes de actuar, porque si dices que algo va a pasar, entonces tiene que pasar. Si estableces la ley debes estar dispuesto a cumplirla. De otro modo, tu inconsistencia socava la seguridad de tu hija. Si las reglas cambian constantemente, o tu hija puede manipularte, su mundo deviene inestable y temible. Tomarse el tiempo para pensar bien las consecuencias (tanto lo que significan para ti como para tu hija) principalmente te ayudará a tomar decisiones sabias cuando te encuentres en el fragor de la batalla. Tus hijos no solo necesitan saber cuáles son los parámetros, sino también qué sucederá si esos parámetros no se cumplen.

> Los padres generan problemas cuando se van a uno de los extremos del espectro (el autoritario/dictador o el permisivo/vale todo).

Si eres un tipo duro y tu esposa es permisiva estarás combatiendo un incendio forestal con una manguera de jardín. Tus hijos serán infelices, tironeados de un lado al otro entre dos extremos opuestos de paternidad. Tú estableces la ley y tu esposa la niega sigilosamente a tus espaldas, porque se siente mal por los niños. O tú le das permiso para hacer algo a tu hija y luego tu esposa se lo prohíbe, negándole a tu hija la posibilidad de hacer algo que ya habías aprobado y que ella ya creía concretado. Cuando tus hijos se vean en esta situación, aprenderán cómo ponerlos en contra a ti y tu esposa, lo cual no traerá buenos resultados en tu matrimonio.

Esto es lo que quiero decir: tú has publicado un edicto paterno por el cual tu hija de doce años está castigada hasta el fin de semana por contestarle a su madre de manera irreverente por enésima vez en un día. ¿Cómo te sentirías si estuvieras dirigiéndote hacia la puerta para ir a la práctica de béisbol de tu hijo y por casualidad escucharas la siguiente conversación entre tu esposa y tu hija?

> **ESPOSA:** Aguanta. Espera a que tu padre se vaya, y entonces te llevaré al centro comercial con tus amigos tal como lo habías planeado. Pero debemos regresar en menos de dos horas antes de que papá y Dean estén de regreso.
>
> **HIJA:** Está bien, pero será mejor que conduzcas rápido. No puedo llegar tarde.

¿No te sentirías como mínimo un poco traicionado por tu esposa quien está socavando tu autoridad? Lo que es peor aun, tu esposa merece recibir el modo en que su hija la trata porque no puede valerse por sí misma. Después de todo hiciste lo que hiciste (castigar a tu hija) para tratar de formar algo de respeto de tu hija hacia tu esposa. Pero si tu esposa permisiva permite que la traten con tal falta de respeto, y aun lo alienta con sus acciones, nada cambiará. La hija continuará manipulando la situación. Y ahora tiene a la madre en una situación cada vez más difícil, porque está haciendo lo que su esposo prohibió. Como dijo Sir Walter Scott: «¡Oh! ¡Qué red tan enredada tejemos cuando primero ensayamos para decepcionar!».[3] Tristemente el escenario anterior se desarrolla en muchos hogares a lo largo del país. Si sucede en el tuyo necesitas leer mi libro *Parenting the Powerful Child* [Criar al hijo poderoso]. Rasca en el lugar exacto en que los padres tienen comezón.

Cuando mi esposa y yo hablamos sobre crianza, acordamos que debíamos tener un frente común con nuestros hijos. Elaboramos una lista con ciertos estándares de conducta que esperábamos que nuestros hijos cumplieran, y los entrenamos en esos estándares. Sabía que podía llevar a mis niños a la casa de cualquier persona y nunca entrarían a la sala de estar y pararse en el sofá. ¿Cómo lo sé? Porque conozco a mis hijos. Los entrené para que sean respetuosos con la propiedad de otras personas. Hay cosas específicas que harían y cosas que no. Nunca saltarían sobre uno de nuestros muebles, por lo tanto jamás lo harían sobre los muebles de otros.

En mi sitio web BirthOrderGuy.com tengo un texto que dice: La crianza no es fácil, pero es simple. Debes tener un plan de juego sencillo, con ambos padres en el mismo equipo y actuando con autoridad. Agrega amor incondicional, aceptación y cooperación, y tendrás un medioambiente maravilloso, nutritivo y no competitivo para que crezca tu hija.

¿Qué tipo de hija quieres? Haz una lista. Es más, detente ahora mismo y hazla.

¿Quieres que sea responsable? Entonces dale responsabilidades. Sé responsable tú mismo.

¿Quieres que sea amable? Entonces muéstrale amabilidad e insiste en que sea así con sus hermanos y hermanas. Más aun, muestra tu amabilidad para con otros. Por ejemplo, si un conductor está tratando de entrar a un carril de la autopista con mucho tráfico, ¿qué haces? ¿Aceleras y le impides el paso, o lo dejas entrar?

Tu hija está observando. Está absorbiendo las palabras que pronuncias, tus expresiones, tu actitud. Todas esas cosas están ingresando como información en la computadora de la cabeza de tu hija.

Cómo luchar bien

- Cierra la boca.
- Escucha, escucha, escucha.
- No esperes obediencia inmediata.
- Mantén tu voz calma. Levantarla no te llevará a ninguna parte.
- Observa tu propia actitud. Le afecta.
- Recuerda siempre: ¿quién dijo que eres el jefe absoluto? Su opinión es tan válida como la tuya.

La disciplina que funciona

Si escoges pelear contra tu hija, no importa la edad que ella tenga, nunca ganarás. Y de hecho, tienes mucho más que perder que tu hija. Cuando tu hija de preescolar tiene un berrinche en el supermercado, ¿le importa en realidad lo que otros piensan? No, pero a ti sí. ¿A tu hija adolescente le preocupa si su camiseta es demasiado ajustada o su falda demasiado corta? No, porque esa es la moda y lo que «todos» usan. Pero a ti te importa, y ella lo sabe. Al desfilar delante de ti, caminando hacia la puerta, te echa esa mirada que dice «te desafío a hacer algo». ¿Cómo respondes?

Existe una excelente manera de establecer autoridad saludable en tu hogar con un niño de cualquier edad, y comienza teniendo en cuenta tres principios.

Principio 1: Dilo una vez, da la vuelta y retírate

Cuando dices algo una vez, esperas lo mejor de tu hija y tu relación. Ella tiene oídos y por consiguiente puede oírte. Decirle algo más de una vez básicamente es decirle: «Eres tan estúpida, si no lo repito no lo comprenderás», o «me incomoda tanto llevar los pantalones en mi propio hogar que siento que necesito decirlo más de una vez para que me escuches». Ninguna de las dos opciones te ayudará a establecer esa autoridad saludable en tu hogar, para ser el padre con autoridad que debes ser. Pero decir algo una sola vez se traduce de la siguiente manera: «Te respeto hija y sé que me escuchas». Cuando te das la vuelta y te retiras no te enredas en ningún tipo de batalla.

Después de todo, se necesitan dos para bailar tango, y tú no necesitas, ni deberías, bailar esa danza con tu hija. ¿Cómo funciona este principio?

Por ejemplo, cuando esa hijita tiene una rabieta en el supermercado, esto es lo que haces. Exhalas pesadamente con tus manos apoyadas de modo dramático en tus caderas, y le dices a las ceñudas personas que te rodean: «¡Pero! ¡Qué mal se comportan los hijos de algunas personas!». Luego das media vuelta y te retiras. Te aseguro que tu pequeña detendrá su espectáculo cuando se vea rodeada de rostros poco amigables y papá oso esté caminando alejándose de ella. Antes de que llegues a la esquina de esa góndola, ella irá corriendo detrás de ti. Después de todo, el berrinche está allí para que lo aproveches, y sin la audiencia no funciona. Luego viene la prueba: cuando ella con sus lindos ojos celestes te mira y te dice junto a la caja registradora: «Papi, quiero esa golosina», ¿qué le contestas tú?

Dices una vez: «No, porque papi continúa triste por lo que pasó antes».

Luego te das vuelta y comienzas a poner cada una de las cosas que compraste sobre el mostrador de la caja registradora.

Sales de la tienda sin haber negociado, incluso cuando comienza el «pero papi...». En ese momento te conviertes en un «sordo de hijas», aun si las personas a tu alrededor te están arrojando dagas con la mirada.

Tu hija captará de manera fuerte y clara dos mensajes: *las rabietas no funcionan, y no te metas con papá, que habla en serio cuando habla.*

Pregunta a Dr. Leman

P: Tengo dos hijas, de catorce y doce años. Es una sutileza decir que nuestra casa es una zona de guerra, especialmente porque vivimos en una casa pequeña y nuestras hijas tienen que compartir la habitación. Siempre están peleando, lo que realmente desgasta a mi esposa. Cada vez que hablamos sobre el problema, mi esposa me ruega que me mantenga al margen y que solo empeoraría las cosas. Pero no quiero vivir de esta manera los próximos cuatro a seis años hasta que las chicas vayan a la universidad o trabajen. Por favor ¿me puede dar alguna ayuda?

—Anthony, Nueva York

R: Es buena tu inquietud porque nadie debería vivir así. Tu esposa parecería ser una primogénita o hija del medio, y una persona complaciente, alguien que quiere suavizar los sobresaltos de la vida. Así que te sugiero lo siguiente: sigilosamente envía lejos a tu esposa por el fin de semana, a la casa de sus padres o su hermana por ejemplo, sin que ninguno de los dos les diga a sus hijas. Dile que resolverás el problema entre ellas y que, como la interacción la estresa, le estás concediendo el regalo de unas pequeñas vacaciones para ver qué puedes lograr. Pídele que no llame ni les escriba a las niñas desde el minuto en que se va hasta el minuto que regresa. Lo último que necesitas es que tus hijas traten de dividir a mamá y a papá en este asunto. No debes terminar siendo el «malo» para tu esposa.

Haz los arreglos para estar en casa cuando las niñas regresen del colegio el viernes por la tarde. Ten una gran cantidad de tentempiés y agua embotellada en la sala, ya que nada funciona bien con preadolescentes y adolescentes si están hambrientos. Llama a tus hijas a la sala de estar tan pronto como sus mochilas toquen el suelo de la cocina y comience la pelea.

Tú puedes comenzar con palabras similares a estas:

«Hijas, las amo a ambas pero no me agrada lo que está sucediendo entre ustedes, el modo en que se tratan, o cómo sus peleas y disputas constantes están convirtiendo nuestro hogar en una zona de guerra. Así que esta noche ninguna de ustedes irá a ningún lado. Permanecerán en esta habitación hasta que ambas lleguen a una solución de mutuo acuerdo para poder llevarse bien. Mamá no estará en todo el fin de semana. No se pondrá en contacto ni responderá ninguno de sus mensajes mientras estamos resolviendo esto. Sus teléfonos celulares y sus iPods permanecerán todo el fin de semana donde los dejaron, en sus mochilas en la cocina. Los tres juntos vamos a pasar el sábado y el domingo en casa, sin involucrar a nadie más. Si ustedes no pueden resolver este asunto, yo lo haré por ustedes y les garantizo que a ninguna le agradará mi solución».

Comenzarán los argumentos: «Pero, papá, ella...».

Haz dicho lo que tenías que decir de modo que te das vuelta y te retiras, cerrando la puerta de la sala, si la hay. (Si no, tal vez quieras elegir otro cuarto, pero que no sea su habitación, ya que es el territorio de guerra más candente.)

Probablemente escuches gritos un buen rato, pero luego sucederá algo sorprendente. Un silencio profundo descenderá sobre tu casa. Si puedes espiar la sala por una ventana sin ser visto, probablemente veas a dos muchachas avergonzadas mirándose fijamente. Las has desafiado y ellas lo saben.

Si tratan de salir rápido diciendo que ya lo resolvieron pero siguen sin mirarse a los ojos, y la contienda comienza nuevamente cuando creen que estás fuera de alcance, llévalas nuevamente a la sala. Seguro será una larga noche para todos ustedes, pero ¿realmente deseas que esta pelea termine? Si es así debes permanecer firme. Estableciste el parámetro de que *ellas* deben resolver esto, por lo que debes mantenerte al margen en la pelea. Si te involucran nuevamente, vuelves al punto de inicio.

Hay una cosa más que puedes hacer. Para los adolescentes es muy importante tener su propio espacio. Haz *lo que sea* para lograr que esas muchachas tengan sus propios cuartos, aunque sea instalar una pared provisoria en el medio de su habitación actual y poner una cama en cada lado. Si tienes tu oficina en la casa y puedes trasladar el escritorio a la sala o al sótano, hazlo. O si tienes un sótano sin terminar y puedes construir allí una de las habitaciones de tus hijas o utilizar una esquina para tu oficina, hazlo. Sin lugar a dudas, estar juntas constantemente ha ayudado a alimentar la guerra entre tus hijas. Todos necesitan paz y tranquilidad, un descanso de los demás seres humanos y algún espacio que puedan considerar propio. Una de nuestras hijas durmió un largo tiempo en un vestidor, pero era *su espacio*.

¡Buena suerte!

Reporte de Anthony, un mes después

¡Impresionante, el plan realmente funcionó! Esa noche fue extremadamente estresante, pero la vida se ha tornado dichosa desde entonces. Mi esposa regresó a casa el domingo por la noche y susurró: «¡Eh!, ¿qué pasó? Todo está en calma aquí». Estuvo aun más perpleja cuando vio a ambas niñas en el sofá riendo mientras veían juntas una película. Les llevó hasta las 2:00 a.m. del sábado llegar a una solución, pero lo lograron. A la mañana siguiente preguntaron si podían tener paneles divisorios para su habitación (una de ellas es muy desordenada y la otra es fanática de la limpieza), y si podían hacer lugar en el vestidor del pasillo para tener más espacio para sus cosas. Las sorprendí diciéndoles que había decidido renunciar a mi oficina para que una de ellas pudiera usarla como habitación. Les dije que podíamos arrojar una moneda para ver quien se la quedaría.

«Está bien», dijo Melissa, mi hija menor. «Puede quedársela ella». Señaló a su hermana mayor.

«No, está bien», dijo Mandy. «Tiene más ventanas que la nuestra, y sé que tener mucha luz es importante para Missy, ya que a ella le gusta pintar».

¡Sorprendente!, una hija pensando primero en la otra antes que en ella misma. No podía creerlo. Las chicas me ayudaron a mudar mi escritorio, y usé su idea de los paneles para crearme una oficina en una esquina de la sala de estar. Incluso establecieron reglas acerca de cuándo podían encender la televisión para no perturbar mi tiempo de trabajo. Yo estaba estupefacto. No les pedí hacer eso. Más sorprendente todavía fue que limpiaron el vestidor del pasillo quitando todas sus cosas viejas y lo convirtieron en «espacio de oficina» para mí. Incluso mudaron allí mi archivo y organizaron todas mis chucherías de escritorio en los estantes para poder tener un acceso fácil.

Si hace un mes alguien me hubiera dicho que el cambio en mi hogar podía ser así de asombroso, nunca lo hubiera creído. Pero ahora, gracias a tus sugerencias, no solo lo creo ¡sino que lo estoy viviendo!

Aquí hay otro ejemplo. Digamos que tu hija en edad secundaria te falta el respeto a ti o a su madre antes de salir a tomar el bus escolar en la mañana. Gritando detrás de ella: «Jovencita, ¿cómo te atreves...», solo acelerará tu presión sanguínea y te hará comenzar el día con el tipo de emoción negativa que no necesitas y de la cual te advierten los psicólogos. En cuanto a tu hija, ella habrá salido impune y estará en el bus pensando: *Para cuando regrese del colegio él ya se habrá calmado. No es un gran problema.*

Así que, padre, espera el momento propicio para la enseñanza, cuando tu hija quiera que la lleves a casa de una amiga luego de la escuela. Tú dile: «Esta tarde no».

Ella se verá confundida. «¿Pero por qué? Hoy no tengo tarea y ya le dije a Janine que puedo ir».

Y aquí viene el momento de la enseñanza, «No me gustó el modo en que nos hablaste a tu madre y a mí esta mañana». Luego te das la vuelta y te marchas.

Eso sí es acumular ascuas de fuego encima de tu hija. Ella pedirá disculpas, si no es en el momento, será al poco tiempo, porque tiene un interés en juego. Luego esperará que la lleves. Pero tú mantente en tu postura. «Te perdono y espero que mañana por la mañana respondas de otra manera. Pero aun así no irás a casa de Janine esta tarde. Depende de ti la explicación que le des a tu amiga». Luego das media vuelta y te retiras.

Eso es dejar el balón de responsabilidad en el lado de la cancha de tu hija. Tiene que ser ella quien le explique a Janine por qué no puede ir. Has dejado en claro tu postura, y tu hija pensará mejor sus palabras y acciones la próxima vez porque hay consecuencias y sabe que te apegarás a ellas.

Si quieres que tu hija te tome en serio dilo una vez, solo una vez. Luego date la vuelta esperando que tus palabras sean obedecidas. No hay argumento ni réplica. Todo se expuso con tranquilidad.

> Si quieres que tu hija te tome en serio dilo una vez, solo una vez.

Luego te retiras y te ocupas de algo más.

Tal vez tu hija quede enojada, estupefacta, confundida, o todas estas cosas juntas.

Créeme que ella te tanteará para ver si esto es solo una casualidad, porque recientemente leíste un libro de un «experto en familia» llamado Dr. Kevin Leman y estás probándolo. Pero cuando ella vea que lo dices en serio, sabrá que hay consecuencias para sus acciones (u omisiones). Aun más, tú como padre no la exonerarás de las consecuencias. Después de todo, si en el trabajo no cumples con una fecha de entrega, tienes consecuencias que incluyen un jefe o un cliente descontento. Entonces ¿por qué no enseñarle a tu hija un poco acerca de la vida real mientras aún se encuentre en el entorno seguro de tu hogar?

Principio 2: Comparte tu desaprobación y tu opinión de manera gentil

¿Qué sucede con tu hija de dieciséis años de camiseta ajustada y falda corta que hace que desees seguirla a la escuela y montar guardia a su alrededor con una pistola? Tienes una conversación amable pero directa con tu hija adolescente como la siguiente:

«Jessica, sé que te gusta usar esa camiseta y esa falda. Es lo que todas tus amigas usan. Pero cuando lo haces los muchachos de tu escuela te ubican en una categoría en la que no creo que quieras estar. Lo sé porque alguna vez fui un muchacho de secundario, y así pensábamos mis amigos y yo. A mis ojos vales mucho más que eso y no quiero que te abarates. Cuando conocí a tu madre me pareció mucho más misteriosa e intrigante por lo que no mostraba en la superficie. Ahora comienzan los momentos de la vida en el que muchas de tus decisiones serán solo tuyas. No siempre estaré a tu lado diciéndote qué hacer. Estás creciendo. Pero quiero que pienses muy detenidamente esta decisión, por lo que dice respecto de ti y por cómo puede afectar tu futuro, incluyendo al tipo de hombres que atraes».

Has dicho tu parte, ahora date la vuelta y retírate. En ese momento no hay nada más para decir, solo si tiene una personalidad muy fuerte querrá pelear. Pero cuando te retiras sin levantar la voz y expones tu punto de vista de modo directo, te garantizo que tu hija pensará lo que le dijiste, aun si usa la falda y la camiseta fuera de casa. Probablemente pasó un largo rato en su habitación esa noche, revisando su armario y evaluando sus opciones. Créeme, ella te escuchó atentamente. En lo profundo de su corazón ninguna joven quiere ser una «chica barata» a los ojos de un muchacho, y más particularmente a los ojos de su hombre número uno: tú. La excepción, por supuesto, es la joven que no tiene un padre positivamente influyente, o directamente no tiene padre, y entonces a causa de su tremenda hambre de padre, tal vez se vista y actúe de una manera provocativa que llame la atención de los muchachos. La triste verdad es que terminará con el tipo de hombre que refuerce su pensamiento de que no vale demasiado y así continúa el ciclo disfuncional.

La persona que tu hija más desea agradar en este mundo eres tú, su padre. Es por eso que siquiera un indicio de tu desaprobación, declarado de manera equilibrada, puede hacer mucho para revertir una conducta no deseada.

Principio 3: B no sucede antes de que A esté completo

Digamos que hace tres días le dijiste a tu hija que realice cierta tarea en la casa antes de la llegada del fin de semana, de modo tal que tú puedas hacer lo que necesitas ese fin de semana. Regresas a casa al cuarto día y aún no está hecha esa tarea.

Si eres un padre autoritario entrarás en su habitación y la confrontarás. «Jovencita: *te pedí* que hicieras eso hace tres días ¡y aún no está hecho! ¿Cuál es tu problema? Podrías haber colaborado con algo al menos. ¿O acaso crees que somos tus esclavos? Te doy *una hora* para que lo hagas, y si no...». Luego cierras la puerta de un portazo. ¿Qué lograste? Nada.

Si eres un padre permisivo tú llevarás a cabo aquella tarea en silencio, sin decirle nada. Después de todo tu hija debe haber estado muy ocupada. Como estudiante ella siempre tiene mucho que hacer... (Aunque sabes con certeza que la noche anterior pasó dos horas en Facebook.) ¿Qué lograste? Nada.

Si eres un padre con autoridad esperas el momento oportuno de enseñanza. Es jueves por la noche y la tarea aún no está hecha, sabes que ella tiene planes con sus amigas para la noche siguiente. No se lo recuerdas, simplemente esperas. Es la noche del viernes y luego de la cena extiende su mano para solicitar las llaves del carro.

«Papi, necesito las llaves del auto», dice, «para pasar a buscar a mis amigas para ir al cine».

Como haces una pausa ella te pregunta: «¿No lo recuerdas?».

«Sí, lo recuerdo», respondes con calma. «También recuerdo que hace cuatro días que te pedí que hicieras [lo que fuere] antes del fin de semana, para poder empezar mañana con mi proyecto. Y aún no lo hiciste».

Ella intentará el «¡Ah!, lo olvidé. Lo haré cuando regrese a casa», con toda su pantomima.

Eres lo suficientemente listo como para no caer. «Te pedí que lo hicieras antes de que comenzara el fin de semana. Así que tú y tus amigas tal vez lleguen un poco tarde al cine», dices. Luego das media vuelta y te retiras.

Ella entra en pánico. «Pero, papá, ¡no puedo llegar tarde! Me están esperando».

> Ella intentará el «¡Ah!, lo olvidé. Lo haré cuando regrese a casa», con toda su pantomima.

«No hay problema», dices con un poco de humor. «Yo he estado esperando por cuatro días a que hagas lo que tienes que hacer».

Papá, tú no te retractas. B no sucede antes de que A esté completo. No lo olvidará la próxima vez.

Pero digamos que en ese escenario tu hija ya salió hacia el cine antes de que tú regreses a casa. En ese caso, esperas por el momento de enseñanza la mañana siguiente, usando los principios 2 y 3.

Puede parecerse a lo siguiente: «Bethany, hace cuatro días te pedí que te ocuparas de [la tarea que fuere] antes del fin de semana», dices en tono calmo. «Sin embargo, cuando llegué anoche a casa habías salido con tus amigas y la tarea no estaba hecha. Así que tuve que hacerla yo. No puedo decirte lo decepcionado que estoy porque no hiciste lo que te solicité. No suelo pedirte muchas cosas, pero cuando lo hago necesito que las hagas sin que tenga que recordártelo».

¿Cómo se sentirá esa hija? Mal. En su corazón sabe que debía haber hecho el trabajo. La mayoría de las hijas diría: «¡Ah!, papi, lo hubiera hecho».

¿Tu respuesta? La miras directo a los ojos y dices: «Si eso fuese verdad, lo que te encomendé hubiera estado hecho. Así que esta mañana luego del desayuno quiero que reflexiones un tiempo acerca de lo que harás de manera diferente la próxima vez».

Si haces esto estás disciplinando a tu hija de un modo amable. Eres amable al acumular ascuas de fuego sobre la cabeza de tu hija haciéndola sentir un poco culpable.

Permíteme retractarme. Tú no la *hiciste* sentir culpable, pero las acciones que decidiste realizar (buenas y con autoridad) han generado culpa en tu hija.

Aquí están las buenas noticias. Es culpa, pero de la buena. Este es un tiempo primordial para que tu hija entre en contacto con sus sentimientos. Permanecer firme y calmo al mostrarle tu desaprobación causará un buen efecto. La próxima vez que le pidas hacer algo a tu hija, el recuerdo de tu acción previa la impulsará a hacer el trabajo. Y mientras tanto tu accionar cuidadosamente medido mantendrá una temperatura normal en presencia de una adolescente emocionalmente volátil.

A veces es necesario actuar con un amor severo. En los casos en que necesitan modificarse cosas, primero evalúate a ti mismo. ¿Qué papel, si es que existiera alguno, has jugado en las respuestas y acciones de tu hija? Si has tenido parte, primero pon sobre el tapete lo que has hecho y discúlpate. Nada te engrandece más a los ojos de tu hija.

Luego, tras haber reflexionado, decide un plan de acción. Si estás casado es crucial que discutas ese plan con tu esposa antes de actuar. Los hombres estamos muy acostumbrados a hacer las cosas por nuestra cuenta, pero el matrimonio es una sociedad.

Si la acción que se necesita es una disciplina, recuerda que B no sucede antes de que A esté completo. Nada es sagrado. Ni la casa de la abuela, ni la escuela, ni el concierto, ni una salida con amigos ya planificada, o una cabalgata de fin de semana. A veces tu hija necesitará que le saquen la alfombra de debajo de sus pies para que sepa que tú hablas en serio. Pero recuerda que es posible ser firme y ser hombre al mismo tiempo sin necesidad de ser rudo.

Caminando por la barra de equilibrio

En general nosotros como sociedad criamos niños para que no tomen decisiones. Quitamos la nieve que obstruye los caminos de su vida hasta que estén bien despejados, los justificamos en cada cambio, y realizamos tareas que les corresponden a ellos para aliviar su carga. No los responsabilizamos cuando dicen que harán algo y luego no lo cumplen. Los criamos para ser el centro del universo, convirtiendo a nuestros hijos en manipuladores poderosos al tratar de hacerlos felices todo el tiempo. En muchos hogares son los hijos los que mandan, pero el problema es que hemos sido nosotros quienes causamos esto y ahora somos rehenes de ellos.

Lo que deberíamos estar enseñándoles es responsabilidad y confiabilidad, y que las demás personas importan. Pero solo estamos habilitados para enseñar lo que nosotros mismos hacemos. Lo que somos habla más fuerte que lo que decimos.

Así que, papis, tengan cuidado con lo que les dicen a sus hijas y el modo en que lo hacen. Observen el modo en que viven e interactúan con otros. Si le enseñas a tu hija los valores antiguos de responsabilidad y compasión por los demás, pero también eres un ejemplo en estos aspectos, configuras a tu hija no solo para un estilo de vida disciplinado, sino para relaciones saludables y equilibradas en todas las áreas de su vida, especialmente con los hombres.

Tu involucramiento, interés, y tu sabiduría hacen toda la diferencia en tu hija, ahora y en el futuro.

Guía rápida de referencia de un buen padre:

- Mantente calmo.
- El equilibrio siempre gana el juego.

CINCO

Los pájaros, las abejas y «la Charla»

Hablarle seriamente a tu hija en desarrollo sobre el sexo, la perspectiva masculina y la responsabilidad.

No existe un solo padre sobre la tierra que se haya despertado hoy diciéndose a sí mismo: «Sabes, no puedo esperar a tener hoy una charla abierta con mi hija acerca del sexo y las relaciones».

No, con solo pensarlo te sientes de igual modo que cuando sabes que tienes que ir al odontólogo para hacerte un tratamiento de conducto. Seguramente no quieras hacerlo pero sabes que es algo que tienes que hacer, así que te preparas para el doloroso evento.

Ahora diré algo que te sorprenderá. Padre: no hay nadie mejor que tú para hablar a tu hija sobre sexo. *Aguarda un segundo,* piensas, mientras aumenta el pánico. *Con lo que dices es como si me estuvieras lanzando una bola con efecto. Creí que mi esposa haría eso. No sé nada acerca de tampones.* Concedido, tu esposa o alguna amiga cercana puede estar a cargo de la brigada de tampones y sus muchas opciones, ¿pero quién mejor que tú para hablar de cómo ven a las mujeres los muchachos? Tú sabes lo que están pensando los jóvenes y puedes referirte a ello de manera más eficiente. Después de todo tienes el mismo equipamiento que esos muchachos.

Busca en tu arcón de recuerdos un momento. ¿En qué pensabas cuando eras un joven de nueve, diez, once, trece, quince, diecisiete, diecinueve y así sucesivamente? ¿Cómo veías a las muchachas? ¿Y cómo quieres que los jóvenes vean a tu hija? ¿No son cosas que puedes compartir con tu hija desde una perspectiva masculina que le resultará realmente útil?

Seguro, puedes leer un libro. De hecho tengo uno excelente para ti que te brindará algo de ayuda adicional, más de la que puedo dar en un único capítulo de este libro: *Guía fácil para padres cobardes que quieren hablar honestamente de sexo con sus hijos*, escrito por este servidor. Pero debido a la relación que estás formando con tu hija, nada puede reemplazar tu sabiduría de primera mano.

«La Charla» no es un evento que se da una sola vez

Conozco un hombre que no le teme a nada. Es un exsoldado de la armada, la mejor máquina de luchar que existe. Un asesino entrenado. Ponlo en un combate mano a mano y será el ganador. Pero cuando se trata de hablar con su hija acerca de los cambios en su cuerpo, ese tipo duro suda.

Admitámoslo. Los hombres no estamos tan cómodos como las mujeres con el flujo de palabras. Agrégale la dificultad de este incómodo tema del sexo (¿te estremeciste al leer la palabra? Si es así este capítulo es perfecto para ti), y nos sentimos torpes y con la lengua trabada. Muchos padres solo pueden articular algo como: «Eh, hijita, hay algunas cosas que deberías saber. Te compré este libro», y se lo entregan a sus hijas. Esto si no hablaron antes con sus esposas o vecinas para que ellas hagan la entrega. Cuando mis hijas eran pequeñas me estremecía de solo pensar en hablar con ellas acerca del sexo. Pero más me asustaba este pensamiento: *Si no hablas sobre sexo con tu hija, ¿sabes quién lo hará?* Bueno, para empezar muchachos con hormonas alteradas que tienen sus propios planes. O autores de blogs de Internet que escriben acerca de las «Diez maneras de tener el sexo más ardiente con tu novio». O maestros de educación sexual con valores muy diferentes a los tuyos. No sería normal que tu hija no tuviera curiosidad por el sexo. Si percibe que no estás abierto a hablar sobre el tema ella irá a otro lado, y no tendrás ningún tipo de control sobre lo que aprenda. Lo último que tu hija necesita es toda una vida sintiéndose «usada» y «sucia» porque no sabía la verdad acerca del sexo prematrimonial de antemano. Ella merece escuchar acerca del sexo tal como fue concebido, de un hombre en el cual confía: tú.

Todos fuimos creados como seres sexuales. Tratar de esconder eso es como tratar de esconder a un elefante bajo la alfombra de tu sala de estar, e ignorar el bulto cuando caminas sobre él. Tu trabajo no es huir de las preguntas de tu hija sobre sexo, su figura en desarrollo y el sexo opuesto, sino canalizar esas inquietudes en la dirección correcta. Muchos de nosotros caemos en la trampa de pensar que «la Charla» (la explicación acerca de los pájaros y las abejas y el modo en que todo eso funciona) es un evento único e incómodo. Pero en lugar de eso, es un proceso continuo que debería empezar a una edad temprana y desarrollarse según sea apropiado en cada etapa de tu hija.

Cómo lo hice yo

Cuando mis hijas eran más pequeñas, las últimas palabras que querían oír de mi boca eran *sexo, pene* y *vagina*. Hasta decían en voz alta: «Papi, realmente no me interesa escuchar eso». Pero lo escuchaban de todos modos. No tuvimos una única conversación sobre sexo. Teníamos conversaciones con regularidad, que surgían en el curso normal de la vida, de modo que tenían muchas oportunidades para fingir que no querían discutir los aspectos más privados de ser un individuo sexual.

Sin embargo yo sabía la verdad. Tenían mucha curiosidad. A pesar de que ponían caras de fastidio por dentro decían: *Gracias, papi, realmente necesitamos saber esto... aun si es un poco embarazoso.* Cuando una de mis hijas me preguntó: «Papi, ¿tú crees que el sexo es desagradable?», esto es lo que dije.

«Permíteme hacerte una pregunta, cariño. ¿Confías en papá?».

«Sí».

«¿Alguna vez te mentí?».

«No», respondió.

«Entonces sabes que lo que te diré es la verdad. Llegará el día en que pensar en tener sexo con un hombre (tu marido) te parecerá muy bueno. Sí, sé que ahora suena desagradable, pero ese día llegará. Te lo aseguro».

> Cuando mis hijas eran más pequeñas, las últimas palabras que querían oír de mi boca eran *sexo, pene* y *vagina*.

Como soy un hombre de fe y conozco muy bien las consecuencias del sexo extramatrimonial por las multitudes de aquellos a los que he aconsejado, también les presenté a mis hijas el sexo en su contexto espiritual de dos haciéndose uno.

«Dios creó el sexo para que fuera algo maravillosos entre un marido y su esposa», continué, «pero el mundo que se encuentra allí afuera lo hace parecer feo y sucio. Hay muchas maneras en que las personas hacen un mal uso del sexo y degradan a la mujer, pero no es así como Dios lo diseñó originalmente. Él dijo que el marido y la esposa se harían uno,[1] y el sexo es una de las maneras mediante las cuales se unen dos personas comprometidas mutuamente de por vida».

Mi hija intervino con una pregunta. «¿Por qué todos hablan tanto sobre él?».

«Porque el sexo te hace sentir bien. ¿Has notado cómo algunas partes de tu cuerpo se sienten muy bien cuando las tocan? ¿No es lindo cuando mami o papi te acarician la espalda?».

«Sí», respondió pensativamente.

«Bueno, el sexo es así, pero aun más».

¿Qué hice en esa conversación? Le brindé a mi hija una saludable introducción al mundo de la sexualidad. Ella me estaba hablando a mí, su padre, un hombre en el que confía y que está comprometido a no quebrar nunca su confianza. Más aun, escuchó sobre este tema en el contexto de los valores de nuestra familia y mi fe (dos haciéndose uno), y enfaticé que el sexo es algo reservado para el matrimonio.

Toda pequeña merece ese tipo de conversación, y solo su padre puede compartirla con ella.

No dependas de nadie más. Deja que provenga de ti.

Noche de película de padre e hija

Si aún no has visto *Tío Buck al rescate*, la película clásica de 1989, es excelente para ver con tus hijas, aunque John Candy es el tío (y no el padre) que llega a hacer una diferencia en la vida de una hija adolescente rebelde. Disparó algunas grandes discusiones con mis cuatro hijas (de diez, once, catorce y dieciséis años) cuando vimos la película, en especial cuando hice el comentario encriptado: «Si un muchacho tratara a mi hija del modo en que Bug trataba a Tia, creo que haría más que revolear un hacha en su dirección. Ya que con ella podría errarle a una parte esencial de su cuerpo». Ese comentario nos hizo reír y conversar. Creo que en una sola noche cubrimos más terreno sobre el sexo y los muchachos que nunca antes, y nuestras cuatro hijas escucharon con avidez y participaron con sus preguntas. Gracias a la película conversamos sobre sexo prematrimonial, lo que los muchachos quieren (eso es obvio), la razón por la cual muchas chicas se entregan a ellos (amor y aceptación), por qué algunos jovencitos no quieren casarse (temor al compromiso), por qué las muchachas se involucran con hombres que no quieren comprometerse (creen que eso cambiará), y por qué la adolescente Tia desafió a sus padres y de qué modo eso resultó en un cambio rotundo de actitud a causa de sus experiencias. Nuestra noche de película tuvo tanto éxito que estoy buscando otro clásico que podamos ver juntos. ¿Tiene alguna idea?

—Jeff, Texas

Generando discusiones

Estás en un establo de caballos junto a tu hija de ocho años, y de repente el semental de las pasturas se pone más que un poco juguetón con la yegua. ¿Qué haces? ¿Distraes a tu hija? ¿Cubres sus ojos? ¿O simplemente la dejas observar y hacer las preguntas que le dicta su curiosidad?

Lo mejor que puedes hacer con tu hija es responder de modo directo las preguntas que formula. Si deja de preguntar es porque está satisfecha. Si pregunta más es porque quiere saber más. Entonces contestas más. Es un plan sencillo y funciona. No hay necesidad de arrastrar los pies con incomodidad. El sexo es parte de la vida. Sin él tu hija no estaría en este planeta. «Papi, ¿qué están haciendo esos caballos?», pregunta tu hija. «Bueno, uno es papá caballo y la otra mamá caballo», comienzas. «Están intentando fabricar un bebé caballo».

Muchas pequeñas de ocho años se detendrán allí y sencillamente observarán lo que sucede en la naturaleza, pero si la tuya continúa preguntando, contéstale en un tono firme y constante, sin vergüenza. Y solo responde las preguntas que formule. De ese modo no tendrás que preguntarte: *¿Qué tan lejos debo ir? ¿Debo decirle todo?*

El auto es uno de los mejores lugares para hablar con tu hija acerca de sexo y relaciones. Tal vez estés de camino hacia ese establo, o tal vez tu hija es patinadora o voleibolista y van camino a la práctica. No hay nada mejor que mirar hacia adelante concentrado en el manejo, por supuesto, mientras conversas con tu hija acerca de crecer.

«Últimamente me di cuenta de que tú y yo no hemos tenido oportunidad de hablar demasiado acerca de la vida. He notado que te estás poniendo grande y estás creciendo demasiado rápido. Muy pronto esos niños que consideras bastante desagradables probablemente comiencen a gustarte. Alguno se acercará y mostrará interés en ti, y de repente tendrás este sentimiento: *¡Uh!, qué lindo es. Creo que le gusto.* Y hablarás con tus amigas acerca de él. Eso es lo que hicimos tu madre y yo cuando éramos jóvenes. Tus tíos y tu prima mayor también lo hicieron. Es parte de la vida. Tendrás esos sentimientos, casi eufóricos. Algunas personas lo denominan "amor adolescente", pero está hecho de sentimientos verdaderos. Ese joven y su interés te harán sentir especial...».

A partir de este punto de tu conversación puedes ir en diferentes direcciones, teniendo en cuenta la edad de tu hija y las experiencias que ella y tu familia han tenido. Por ejemplo, si tienes una familiar que quedó embarazada extramaritalmente siendo muy joven, puedes usarlo como ejemplo: «Todos tomamos decisiones en la vida. Algunas son grandiosas y otras no tan buenas. A veces un adolescente puede cambiar por completo el curso de su vida por querer crecer demasiado rápido e involucrarse con cosas que sabe que son incorrectas o que deben guardarse para más adelante en la vida, en el contexto adecuado».

> El auto es uno de los mejores lugares para hablar con tu hija acerca de sexo y relaciones.

Si tu hija fue molestada sexualmente de algún modo, este es el momento de decirle con toda claridad que el abuso (por su tío, padrastro, o quien fuere) no fue su culpa, y eso no la convierte en alguien sucia o «material usado». También será importante para tu hija no hablar solo una vez, sino en reiteradas ocasiones a lo largo del camino, al ir madurando, con un adulto en quien confíe o un consejero profesional que pueda comprender sus pensamientos y emociones y asistirla guiándola a relaciones sanas.

Si no has hablado con tu hija acerca de muchachos y relaciones hasta este momento, y ya tiene trece años y está loca por los chicos, entonces tienes que subir la apuesta un poco más y llevar la discusión a un nivel más fuerte. «He notado que ahora tienes mucho interés en los muchachos. Y me sorprendería que no pensaras que algunos son más atractivos que otros. Que una niña se sienta atraída hacia un muchacho es algo natural...».

La mejor manera de lidiar con una hija adolescente que está enloquecida con los muchachos es manteniendo tus ojos y oídos abiertos para con el joven en el que está interesada en ese momento, y sobre todo, no convertir a ese muchacho en tu enemigo. Si lo haces habrá otro enemigo a la vuelta de la esquina: tu hija. Que tus interacciones sean tan tranquilas y naturales como puedas (sí, aun si estás hirviendo interiormente por el modo en que ese chico trata a tu hija). Lo bueno es que las relaciones adolescentes cambian más rápido que lo que piensas en cambiar tu ropa interior. Así que puedes tener la esperanza de que esta será una de esas relaciones que siguen el camino de un ave extinta.

Si tu hija tiene catorce años y está entusiasmada porque pronto podrá conducir, dile algo así: «Hijita: apenas puedo creer que solo te queden cuatro años en esta casa bajo nuestras alas. Espero ansioso los buenos años que van a venir. Pronto llegará el tiempo en que te vayas conduciendo un carro, disfrutando muchas de las libertades que te da el vivir en esta casa. Queremos ser tus compañeros mientras vas creciendo y no unos pesados. Lo que te pediremos es que cumplas con nuestras pautas básicas de llegar a casa a una hora razonable, de tener cuidado con quién andas, y de ser respetuosa contigo y con los demás en las citas».

> La mejor manera de lidiar con una hija adolescente que está enloquecida con los muchachos es manteniendo tus ojos y oídos abiertos para con el joven en el que está interesada en ese momento, y sobre todo, no convertir a ese muchacho en tu enemigo.

Lo más importante de todo es que tus conversaciones con tu hija estén sazonadas con un aire de confianza, que sepa que crees en ella y sabes que tomará buenas decisiones en todas las áreas de la vida, incluyendo los muchachos. Tener expectativas positivas respecto de tu hija llevará a tu relación con ella mucho más lejos de lo que imaginas.

Manejando los cambios físicos

No puedo decirte con cuanta frecuencia las mujeres me comentan que han tenido una conversación con sus esposos de este tipo:

> **PADRE:** Eh, querida, he notado que Amy está... ya sabes, desarrollándose.
>
> **MADRE:** ¿Desarrollándose?
>
> **PADRE:** Sí, le están creciendo, bueno, quiero decir...
>
> **MADRE:** Pechos. Se llaman pechos. Tiene trece años, es perfectamente normal.

Pero de allí en adelante, papá abraza con torpeza a su hija porque ya no es una niña pequeña, y esos pechos son un recordatorio de que evidentemente las cosas están cambiando.

Una de las peores cosas que puede hacer un padre es alejarse de su hija en desarrollo, porque ese es el tiempo en el que ella más se pregunta acerca de cómo la verán los hombres como mujer. Si su padre se aleja confirmará su peor temor: *No soy lo suficientemente hermosa para ser amada.* Demasiadas jovencitas pasan sus años adolescentes tratando de perder peso para poder lucir como las modelos retocadas de las tapas de revistas, cambiando sus peinados y gastando una fortuna en ropa y maquillaje para ser «aceptables». Algunas caen en la anorexia y la bulimia. Muchas caen en los brazos de muchachos con hormonas alborotadas, quienes con gusto les brindan atención y bienestar emocional... por un corto tiempo.

> Recuerda tus años de adolescencia. ¿Cuánto tiempo te llevaba excitarte sexualmente?

Si tu hija se encuentra en esos años hormonales es de mucha importancia que la afirmes como una mujer joven. Hasta algo tan simple como: «¡Eh!» (y silbas con admiración) «te ves hermosa en ese atuendo. Apuesto que volverás locos a unos cuantos jóvenes hoy», provocará un estallido de: «¡Paaaaa!». Pero internamente se emocionará porque lo hayas notado y su femineidad en ciernes será afirmada.

Revelando lo que piensan los muchachos

Recuerda tus años de adolescencia. ¿Cuánto te llevaba excitarte sexualmente? Tu hija necesita saber que no se requiere demasiado para lograr que un muchacho de trece años (tanto como uno de veintidós) se excite sexualmente. Y un muchacho sexualmente excitado puede ponerse más agresivo de lo que una muchacha puede esperar. La mayoría de ellos continuará hasta que se los detenga con tono firme. En este mundo de información instantánea y lenguaje directo, no andes con rodeos. Encara el tema de manera bien clara.

«Si te sientas en el regazo de un muchacho, se siente sexualmente estimulado», le dije a mi hija.

«¡No! ¿En serio? ¿Solo sentándome en su regazo?».

«Así es. Es todo lo que se necesita».

Tampoco se requiere de un psicólogo como yo para averiguar qué puede suceder si un muchacho y una muchacha van a ver una película prohibida para menores o si van a un baile y permanecen dos horas pasando el rato en un carro estacionado. Así que no dejé que mis hijas quedasen en esa situación. En lugar de eso les dije: «Seguro, hija, puedes pasar tiempo con Michael. Tráelo a casa y veremos una película o jugaremos algún juego juntos». Todo lo que podamos hacer en un contexto para mantener a mis hijas fuera del alcance de hormonas embravecidas.

Algunos de ustedes pueden pensar que soy sobreprotector. Pero honestamente, ¿permitirías que tu hija de dos años pusiera sus dedos en un enchufe solo para ver qué sucede? La apuesta se eleva aun más cuando las hormonas están alborotadas. Entonces ¿por qué voy a permitir que mi hija de dieciséis años, quien ha estado lidiando con muchachos por un corto tiempo, experimente lo que se siente al quitarse la camiseta en el asiento trasero de un automóvil con un adolescente respirándole en el cuello y tocando sus pechos?

Si tienes una hija adolescente es tiempo de ponerse firme. Las estadísticas de sexo prematrimonial son terribles. Haz todo lo que esté a tu alcance para proteger a tu hija de ser sexualmente activa antes del matrimonio. Las consecuencias (enfermedades venéreas, corazón roto, problemas de intimidad, embarazo extramatrimonial) son demasiado severas como para que no tomes este tema en serio.

Padre: el as en la manga que tú tienes es tu involucramiento en el tema. Sé afirmador, amoroso, y abierto a cualquier pregunta que tu hija tenga sobre los hombres y el sexo. No existe tal cosa como tener «la Charla» una sola vez y asunto terminado. Su aprendizaje acerca del sexo opuesto es parte de una relación constante contigo.

Las tres preguntas básicas de la mente masculina

1. ¿Puedo jugar con eso?
2. ¿Puedo comer eso?
3. ¿Puedo aparearme con eso?

¿Ninguno de los tres? No estoy interesado.

Contando historias

Todos los niños adoran las historias, sin importar su edad, y les encanta escucharlas una y otra vez. Cuéntale a tu hija historias de cuando tú tenías citas.

Luke le contó a sus tres hijas la vez que quedó como un tonto porque olvidó acompañar a la muchacha hasta la puerta y el padre de ella le dijo en tono odioso: «Siempre debes acompañar a las señoritas hasta la puerta. No las dejes en la vereda. Nunca».

Miguel adora contarles a sus dos hijos acerca de la primera vez que salió con su madre. Él llegó a la puerta. Ella la abrió, luciendo hermosa con un vestido y tacones, e inmediatamente cerró la puerta y volvió a abrirla.

«No recordaba que eras tan pequeño», dijo ella. «Aguarda un momento y me cambiaré los zapatos».

Mientras tanto él quedó de pie en la entrada de la casa con la puerta cerrada y la boca abierta. Un año después se casaron. Ella usó zapatos bajos y hasta el día de hoy lo sigue haciendo, porque no quiere ser más alta que él.

Cuando le propuse matrimonio a Sande hice tantas cosas mal que es un milagro que estemos juntos. Nadie me dijo que debía llevarla a un sitio bonito para la propuesta. La llevé a un campo detrás de la casa de mis padres. Luego de hacer la pregunta y que ella aceptara, le puse el anillo en la mano equivocada. En el ayuntamiento, le dije a Sande que era una tradición de la familia Leman que la novia pague la licencia matrimonial.

«Mira que interesante», dijo dulcemente. «Definitivamente no quiero romper una tradición familiar».

Una vez que pagó los cinco dólares admití que ella acababa de empezar la tradición porque yo había olvidado traer el dinero. Bueno, soy el bebé de la familia y estaba tan abrumado pensando que esta hermosa mujer estaba dispuesta a vivir conmigo el resto de su vida que nunca pensé en los detalles. Tampoco nunca se me ocurrió, sino hasta muchos años más tarde (cuando Dennis el novio de Krissy me pidió su mano), que el padre de Sande probablemente estaba pensando: *¿Este tipo se llevará a mi hija, un simple conserje que limpia pisos en un hospital?*

Cada vez que relatas historias acerca de tus propios años de citas, generas un sentido del humor y una mirada particular para las ocasiones en que las cosas no salen bien en las citas de tus hijas. Como en aquella cita doble en la cual la falda de tu hija tenía una rotura y ella no tenía idea de que estaba mostrando más de su parte trasera de lo que debía, hasta que la jovencita de la otra pareja finalmente se arriesgó a decírselo estando las dos solas en el baño. Luego tu hija quedó avergonzada «frente a todo el mundo», tal como lo describe ella. Pero ¿a quién llamó para que la buscara mientras esperaba escondida detrás de una planta en el restaurante? A ti, papá.

Cuando te muestras compasivo y abierto, alguien con quien siempre es seguro hablar, ganarás el corazón de tu hija y su confianza.

Modelando una sexualidad saludable

No voy a disculparme porque me gusta el sexo, incluso a mi edad de casi decrepitud. Me parece que la creatividad de Dios se lleva un gran premio en este tema. Por lo que quiero que mis hijas disfruten de la misma experiencia, siempre que sea dentro del matrimonio. Por esta razón me tomé muy en serio mi responsabilidad de modelar una actitud saludable y afirmadora hacia la sexualidad en mi propio matrimonio.

Cuando mi esposa y yo estábamos leyendo con dos de mis hijas un libro que ayudaba a explicar algunos hechos de la vida, una de nuestras hijas expresó: «Eso es tan desagradable».

«¿Qué, cariño?», preguntó Sande.

«Estar desnudos bajo las sábanas».

Las ilustraciones en el libro estaban dibujadas de manera muy casta pero dejaban claro que mami y papi no estaban vestidos.

«Bueno, ¿cómo piensas que llegaste al mundo?», le pregunté.

De repente una luz se encendió en la cabeza de mi preciosa hija. Primero fue un atisbo de entendimiento, luego el fuego de indignación pura. «¿Quieres decir que tú y mami se desnudan bajo las sábanas?».

«Sí, lo hacemos», le respondí.

Esto fue seguido de un: *¡ajá!*, al estilo Sherlock Holmes. «Así que esa es la razón por la que cierran su puerta con llave los sábados por la mañana. ¡Y yo pensé que ustedes solo estaban siendo buenos con nosotros al dejarnos ver dibujos animados!».

> No voy a disculparme porque me gusta el sexo, incluso a mi edad de casi decrepitud. Me parece que la creatividad de Dios se lleva un gran premio en este tema.

Finalmente nos habían descubierto. En realidad fue sorprendente cuánto tiempo había durado la coartada. Cuando Kevin y Krissy eran muy pequeños con frecuencia los llevaba abajo, les decía que vieran lo que quisieran en la televisión y les explicaba que mami y papi tenían que «hablar».

Ellos se iban y yo ponía cuatro trabas en la puerta de nuestro dormitorio y me metía bajo las sábanas con Sande. A los pocos minutos Kevin y Krissy estarían nuevamente junto a la puerta. «¿Papi? ¿Están ahí? No los oímos hablar. Pensamos que nos habías dicho que necesitaban hablar».

«¡Aléjense de esa puerta!», les gritaba en un tono que solo un padre puede usar, y esos pequeños pies se alejaban más rápido que si hubiesen visto un monstruo.

Pero los niños pequeños suelen tener períodos de atención breves. Una vez, en lo que debió haber sido con certeza el peor momento para importunar de sus vidas, Krissy y Kevin volvieron a tocar a la puerta. En ese momento yo estaba viviendo en otro planeta y no recordaba que tenía hijos, ni mucho menos sus nombres. Así que, como gran psicólogo que era, le rogué a Sande: «No digamos nada y tal vez se vayan».

Sande me miró con «la mirada», esa que dice: «Me sacrifiqué durante trece años para que terminaras la universidad y alcanzaras tu doctorado, ¿y eso es lo único que se te ocurre?».

Luego escuchamos a Krissy decirle a su hermano: «Kevey, será mejor que traigas el martillo. Creo que tal vez necesiten nuestra ayuda».

Con esas palabras me estrellé nuevamente contra la atmósfera del planeta Tierra. Incidentes como esos ayudan a explicar por qué más de una audiencia me ha escuchado decir: «Hemos visto al enemigo, y son pequeños... y sindicalizados».

Si bien los niños pequeños pueden dificultar el tener intimidad, una hija se merece que su padre esté loco por su esposa. Una hija también necesita una madre que acepte de buen grado los avances de su esposo. Así que, si eres un hombre casado, abraza a tu esposa y dale un beso apasionado delante de tus hijos. Al hacerlo logras que tu hija nunca se vaya a dormir preguntándose si sus padres van a separarse. Sabrá que es amada y está segura.

Los ladrillos de una relación saludable con el sexo opuesto

Al hablar con jóvenes acerca de la sexualidad y la perspectiva masculina, una de las cosas más profundas que comparto con el grupo es «comienza con la cabeza y sigue el camino hacia abajo».

¿Qué les gusta a las muchachas? Mi nieta, Adeleine, tiene siete años y le encanta recibir el maquillaje que su abuela le da, sentarse en el regazo de las personas y maquillar a todos los que estén en la habitación. La apariencia ya es importante para ella, aun a su corta edad. Compáralo con los niños de siete años quienes tienen que ser persuadidos para peinarse o bañarse.

Así que, habla con tu hija acerca de los ladrillos necesarios para construir una relación exitosa con el sexo opuesto.

Apariencia

El Dios todopoderoso nos ha dado a todos una apariencia específica. Pero depende de nosotros lo que decidamos hacer con ella. Cómo nos mostramos a los demás suele ser el modo en que ellos piensen acerca de nosotros, y puede influir grandemente en los tipos de relaciones en los que nos involucramos. ¿De qué otra manera explicas a la hija adolescente que tiene un aro colocado en la nariz, otro en el ombligo y tres en la oreja, quien, cuando va a su segunda ronda de entrevistas laborales, de repente se asemeja a la niña buena en su manera de vestir? La persona que aparentas ser atraerá a una clientela determinada. Nada me entristece más como padre que ver a jovencitas mostrarse demasiado en un intento desesperado de atraer al género opuesto. Me dan ganas de agarrarlas del brazo y decirles: «Tú vales más que esto. No te vendas tan barata».

Los muchachos mirarán. Siempre miran. Están diseñados para mirar y apreciar grandemente la anatomía femenina. Lo que tu hija necesita saber es que a los hombres siempre les intrigará el misterio de una mujer. Pero si ella revela todo el misterio se pierde.

Así que pásale a tu hija un aviso comercial. «Hija, tengo que decirte que tú siempre luces bien. Cuídate mucho. Soy un hombre y no entiendo demasiado acerca de maquillaje y combinación de colores, pero cada vez que te veo digo: "¡Sí!, esta es una muchacha que piensa de manera correcta acerca de sí misma, así que estará siempre prolija, limpia y vestida de modo atractivo"».

Tal vez tu hija no responda con entusiasmo al intento de aviso comercial, pero te garantizo que se va a sonreír. *Mi padre me ve. Se da cuenta del esfuerzo que hago para que me vean linda.*

Pásale a tu hija un aviso comercial.

Incluso las nenas pequeñas, como mi nieta Adeline, pasan varias horas frente a un espejo, literalmente sentadas en la tina del cuarto de baño. Juegan con su pelo, experimentan con diferentes lápices labiales, prueban todo tipo de expresiones faciales. Todo es parte del crecimiento de una niña.

Con razón apenas puedes usar el lavabo si tienes una hija en la casa.

Lo mejor que puedes hacer por ti mismo es construir otro baño, al menos uno pequeño que tenga un inodoro y un lavabo.

Buena suerte, padre.

Aplomo

El modo en que tu hija se conduce diariamente dice todo acerca del modo en que se siente respecto de sí misma. ¿Camina mirando el suelo con los hombros encogidos? Entonces tiene una baja autoestima. Si anda con paso ligero, encara a todo el mundo con una sonrisa y se enfoca hacia delante, directo a los desafíos del día, entonces tiene confianza en sí misma. Este aplomo y confianza provienen de ti, padre. Cualquier hija que se siente amada por su padre, sostenida y protegida por él, tiene un gran comienzo en la el mundo.

También hay un beneficio indirecto muy importante del aplomo. C.A.T.C.H. Resources, Inc., cuya misión es recuperar a las personas desaparecidas y devolverlas a sus familias de forma segura y rápida, dice: «Debes tener un interés activo hacia tus hijos. Escucharlos, amarlos incondicionalmente y ayudar a construir su autoestima». ¿Por qué esto es tan importante? Porque los pederastas buscan a niños que carezcan de confianza y firmeza, menciona el centro de búsqueda C.A.T.C.H. Resources. Por eso sugieren: «Haz que tu casa sea un lugar de confianza y apoyo que atienda las necesidades de tus hijos [...] Los niños pueden ser criados para ser amigables y amables, pero decididos. LOS NIÑOS TIENEN EL DERECHO DE DECIR NO. Si alguien les pide hacer cosas que los incomodan, pueden decir NO. Enséñales a CONFIAR en sus instintos. Si algo parece estar mal, probablemente lo esté. ¡DI NO!».[2]

Comprensión

Claramente los muchachos son diferentes a las muchachas. Tu papel, papá, es aprovechar las situaciones que se presentan naturalmente en la vida y convertirlas en momentos de enseñanza.

Por ejemplo, tu hija de once años te dice: «Los niños son tan tontos a veces». Señalando a sus dos hermanos quienes pasaron de estar tranquilamente mostrándose sus músculos a luchar en el jardín del frente con el fin de ser vistos por la hermosa niña nueva del vecindario.

Te ríes. «Coincido contigo. Son tontos. Y son aun más tontos cuando piensan que eso impresionará a Heather. Parece que todavía no descubrieron cómo relacionarse con las niñas, ¿no? Tú prefieres que un muchacho te hable antes de que luche contigo, ¿no?».

Has plantado una semilla, padre.

Tu hija de siete años está caminando por la calle contigo, cuando de repente ven un grupo de niños alrededor de una adolescente cuya camiseta tiene un escote en v lo suficientemente profundo como para que en cualquier momento sus atributos puedan salirse y saludar. «Qué pena», dices con calma mientras sostienes la mano de tu hija, «esa chica seguramente no cree que valga mucho».

«¿Por qué, papi?», pregunta tu hija, perpleja.

«El modo en que está vestida me dice que piensa que la única forma en la que puede captar la atención de un muchacho es mostrando más piel de la que debería. Los muchachos que atraerá no son del tipo de hombre que la cuidará».

Has sembrado un mensaje en el cual tu hija pensará luego, durante su adolescencia, al elegir su propia ropa para vestir.

Respeto mutuo

Sin respeto mutuo no hay relación posible. Respeto mutuo significa que no rebajas al otro género, ya sea con tus pensamientos o con tus palabras. Hombres y mujeres son diferentes. Ninguno es mejor ni peor sino solo diferentes.

Papá, tu hija necesita saber que te importa. Escuchará tus lecciones de vida solo si no estás predicando, si no actúas como si tuvieras todas las lecciones de vida en tu bolsillo, y si sabe que la apoyas como su campeón.

«Hijita, confío en ti, y deseo que tengas los mejores años de adolescencia que alguien pueda tener...».

Comprende que los niños siempre serán niños. Tu hija pondrá cara de fastidio, dará fuertes pisotones contra el piso y portazos de vez en cuando. No vayas buscando problemas. Sal de la situación con un poco de humor cada vez que puedas. Y prepara el terreno si hace falta un perdón mutuo acercándote primero cuando te hayas pasado de la línea.

«Querida, te pido disculpas por haberte hablado mal esta mañana. Apenas lo hice me dije a mí mismo: *¡Cielos!, realmente necesito trabajar con mi mal carácter.* Y lo estoy haciendo. Es más, le pedí a tu madre que me ayudara. Y también te pido tu ayuda».

> Escuchará tus lecciones de vida solo... si ella sabe que la apoyas.

La realidad es que tienes todas las de ganar en tus manos. Tu hija ni siquiera estaría usando ese sostén de entrenamiento si no lo hubieras comprado para ella. Eres el padre; tienes todo. Pero cuando le muestras respeto a tu hija, no solo como miembro de tu familia, sino también como mujer, la estás configurando para buscar relaciones con otros muchachos y hombres que también la respeten.

Tengo novedades para ti. Las adolescentes de hoy pueden hacer todo lo que quieran. Actualmente no es difícil conseguir drogas. No es difícil tener sexo. ¿Quién engaña a quién? Durante esos años críticos la tentación de hacer cosas que tienen consecuencias al largo plazo es enorme. Otros chicos le dirán a tu hija: «¡Eh!, fuma esto, aspira aquello. Ven a la fiesta el viernes por la noche». Tu hija es quien tendrá que tomar esas decisiones. No siempre estarás caminando al lado de ella, allanándole los caminos de la vida.

Tu trabajo como padre es asegurarte de que tu hija se sienta especial y segura, ya que esa es la clave para que pueda tomar buenas decisiones.

Perspectiva de largo plazo

Los padres siempre me preguntan adónde deberían trazar la línea respecto de los límites sexuales con sus hijas. Me encantaría darte la receta perfecta, pero así es como los maridos se meten en problemas con sus esposas, pensando que necesitan una receta para el sexo. Necesitas esto, aquello y lo otro, y luego sucederá lo siguiente. Pero la vida no es así. Establecer límites saludables tiene que ver con una relación. Lo creas o no cuando nuestros cinco hijos fueron adolescentes, los Lemans nunca tuvimos un toque de queda para ellos. Sencillamente decíamos: «Vuelve a un horario razonable».

A nuestros hijos no les gustaba. Hubiesen preferido que dijéramos: «Vuelve a las 11:15 p.m., o te golpearemos con una varita mágica y te convertiremos en calabaza».

En lugar de eso teníamos expectativas positivas de ellos. Habíamos criado a nuestros hijos para ser responsables y corteses con los demás, y nunca tuvimos un solo problema con ninguno de ellos. Si le permites a tu hija conducir un auto, es mejor que pienses que ella es responsable. Si no lo es, ¿por qué le estás permitiendo que tenga en sus manos una herramienta que puede herir de gravedad o incluso matar a otros o a ella misma?

Los límites respecto de las citas serán diferentes en cada familia y deben ser discutidos frontalmente y con respeto. Pienso que tienes discusiones preliminares mucho antes de la edad en que tu hija podría comenzar a tener citas. En ocasiones, ciertos incidentes escolares son maneras naturales de generar discusiones. Por ejemplo, alguien dice algo fuera de lugar, o toca a tu hija de manera inapropiada, o se ríe de su cuerpo. Aprovecha esas situaciones para hablar sobre el respeto mutuo, el modo en que tratas a otros, y cómo esperas que te traten los demás.

Por ejemplo, una conversación puede ser como la siguiente:

«Llegará el tiempo en que un muchacho intentará hacer algo contigo que sientes que es inapropiado o que sabes que va contra los valores familiares. Cuando esto suceda, ¿qué dirás? ¿Qué harás al respecto? Quiero estar seguro de que tienes los elementos necesarios para lidiar con eso cuando suceda».

Luego continúas compartiendo alguna experiencia personal de tus años de citas en la que hayas tenido que enfrentar situaciones y pensamientos incómodos. ¿Qué te previno de avanzar demasiado en una cita? ¿Qué pequeña voz interna te dijo: *No, no quiero ir allí. ¿Tenemos que detenernos ahora?*

> Los límites respecto de las citas serán diferentes en cada familia y deben ser discutidos frontalmente y con respeto.

Una conversación como la siguiente también es útil:

«Por naturaleza los muchachos tienen la capacidad de enceguecerse con el aspecto exterior. Así que te diré algo, no solo porque soy tu papá y quiero protegerte, sino porque sé que eres atractiva y que otros hombres pensarán lo mismo. Te encontrarán atractiva del mismo modo en que yo encuentro atractiva a mami.

»Conocí a tu mamá cuando tenía dieciocho años, solo cinco años mayor que tú en este momento. No tardé mucho en enamorarme. Quería pasar cada momento del día con ella. ¡Hablando cosas lindas y queriendo estar cerca... guau! Pero una de las razones por las cuales hemos permanecido casados diecisiete años, y deseando estarlo para siempre, es que desarrollamos nuestra relación basándonos en la comprensión mutua, el respeto y el amor. Sabíamos que a causa de los sentimientos que teníamos uno por el otro, las cosas podían ponerse incómodas. No queríamos caer en hacer cosas que sabíamos que podían herirnos o perjudicar nuestra relación más adelante. Así que construimos ciertos parámetros que nos protegerían. Toda persona joven tiene que hacer eso, y tú también lo harás. Muchos padres creen que pueden publicar edictos ("llegarás hasta aquí, no más lejos", y marcan una línea del cuello para abajo) y que esos edictos se ponen en práctica en la vida de sus hijos.

»Pero yo no soy tan estúpido. Sé que lo que tú haces en las citas es una decisión que tú tienes que tomar, porque eres quien lidiará con los resultados el resto de tu vida. Desde pequeña te hemos dado tareas para hacer en la casa. Eso no es porque seamos vagos y queramos que otro haga el trabajo. No, son oportunidades para que aprendas a ser responsable, de tu habitación, de cierta actividad, y en la vida en general. Llegará el día en que dejarás el nido. Dependerás solo de ti. Celebraremos tus logros y siempre querremos lo mejor para ti. Pero no estaremos a cargo de tu vida. Tú serás quien lo esté. Queremos que tengas la mejor vida que puedas. Confío en ti. Estoy convencido de que tomarás buenas decisiones».

Padre, las apuestas son altas. Aprovecha los momentos enseñables de la vida y las situaciones que se presentan naturalmente. Habla con tu hija sobre las cosas importantes de la vida (como sexo, citas, y muchachos) antes de que sucedan. Si aún no lo has hecho y ella ya está en tiempo de citas, no esperes un día más. ¿Quién mejor que tú para pasarle algunos avisos comerciales a tu hija acerca de los ladrillos fundamentales para construir relaciones exitosas con el sexo opuesto?

Pregunta a Dr. Leman: ¿qué tan honesto debería ser?

P: Tuve sexo por primera vez a los quince años. La joven con la que estaba tenía catorce. No había planeado ir tan lejos pero lo hice. Después de aquella situación no pude volver a verla del mismo modo, y rompí mi relación con ella. Habíamos estado saliendo solo durante dos meses. Desearía haber sabido entonces lo que sé ahora: que el sexo cambia las cosas en una relación. Mi hija tendrá catorce el mes que viene y los muchachos la miran. ¿Cómo puedo decirle que no tenga sexo después de lo que yo hice? ¿Cómo puedo decirle que deseará no haberlo tenido? Aún hoy continúa avergonzándome el modo en que traté a esa muchacha. Era una linda jovencita y mereció haber sido tratada mejor. Odiaría pensar que alguien tratara a mi hija de esa manera.

—Marcus, Maine

R: Deberías hablar con tu hija precisamente *porque* tuviste esa experiencia. No necesitas darle los detalles, pero sí debes ser honesto. Dile que cuando saliste con muchachas no las trataste del modo que debías, y que eso te molesta hasta el día de hoy. Dile que la primera muchacha con la que saliste era realmente agradable y merecía algo mejor. «De hecho», puedes decir: «es por eso que estoy hablando contigo. No quiero que estés nunca en una situación en la cual dejes que algún muchacho se aproveche de ti porque piensas que deberías solo porque estás en una cita y todos lo hacen, o porque piensas que no mereces algo mejor...». Continúa diciéndole lo que hay de especial en ella, lo que piensas de ella y el valor que ella tiene para ti, y que sabes que tiene un futuro brillante por delante, que se completará junto a un hombre maravilloso que la amará por lo que ella es. Termina con: «Y si alguna vez te encuentras en una situación con la que no estás cómoda, llámame. Iré y te buscaré, sin hacerte preguntas».

Consejo sobre el sexo dentro del matrimonio
(y lo que los hombres realmente quieren)

Tristemente, demasiadas mujeres me han compartido en terapia lo que sus madres les dijeron el día de su boda: «El sexo es algo con lo que tendrás que aprender a vivir. Recuéstate y déjalo disfrutar». ¡Qué terrible visión del momento más excitante e íntimo que Dios creó entre un hombre y una mujer que se han comprometido mutuamente para toda la vida! Si tu esposa creció con esta visión del sexo no me sorprende que para ella la jardinería sea más importante, o que tenga que lavar los platos cuando la miras seductoramente.

Es de suma importancia que le transmitas a tu hija lo maravilloso que puede ser el sexo (en el contexto correcto del matrimonio). El sexo gratificante no es simplemente «fingir porque un hombre lo necesita». El sexo sin satisfacción es para un hombre lo que conversar con un hombre que está leyendo el diario para una mujer. Puede buscar conversar con su marido pero no querrá hacerlo de esta manera.

Cuando elegimos casarnos debemos elegir priorizar las necesidades de nuestra pareja antes que las nuestras. Al ingresar a los años en que comenzará a tener citas, y a pensar en un compañero de por vida, tu hija debe saber lo importante que es el sexo para un hombre, comprenderlo, y priorizarlo para generar experiencias apasionantes en la relación matrimonial.

Si eres una mujer leyendo este capítulo tal vez te estás diciendo: «El sexo nunca será tan apasionante para mí. No logro entenderlo. Prefiero pasar un rato acariciándonos tiernamente». Pero es exactamente por eso que aliento a los padres a enseñarles a sus hijas a priorizar a su compañero matrimonial. Si quieres que tu hombre esté contento en el matrimonio y satisfecho contigo, entonces quieres que conduzca hacia el trabajo sonriendo y pensando: *Estoy tan feliz de haberme casado con esta mujer. Debo ser el hombre más afortunado del planeta.* Este hombre dará su vida por ti. Limpiará el vómito de los niños y lavará los platos. Saldrá en tu defensa frente al vecino bravucón.

Del mismo modo, hombres, su primer impulso no es llegar a casa del trabajo y disfrutar de una conversación de media hora con sus esposas acerca de su día. Todo lo que quieren es una ducha seguida de un enjuague cerebral de hacer zapping con el control remoto. Pero como amas a tu esposa priorizas sus necesidades y decides conversar con ella.

Muchas de las parejas que entran a mi oficina de consejería padecen de la misma enfermedad: egoísmo. La esposa se niega a tomar más la iniciativa sexual porque su esposo no es lo suficientemente romántico. El esposo dice que no puede pensar románticamente si no tiene el sexo suficiente. Si continúan por ese camino el resultado será el divorcio. Sin embargo, si ambos están dispuestos a poner al otro en primer lugar, ese matrimonio no solo se revitalizará, sino que será más emocionante y apasionado de lo que jamás soñaron.

Si quieres que tu hija tenga esa clase de relación para toda una vida debes decirle la verdad. El sexo le importa, muchísimo, a un hombre. Pero para su hombre, más importante que el sexo es con cuánto entusiasmo entra en esa área de la relación matrimonial la mujer que ama.

Lo que los hombres más necesitan

- Ser deseados
- Ser necesitados
- Ser satisfechos/respetados

Lo que las mujeres más necesitan

- Afecto
- Comunicación abierta y honesta
- Compromiso con la familia

Para padres con lealtades divididas

En la sociedad actual en la que de algún modo tantos jóvenes han experimentado el sexo, algunos de ustedes, padres, han tenido sexo tempranamente en la vida. Se metieron en situaciones en las que desearían no haberse metido y eso tal vez todavía los atormenta. Para ustedes la apuesta es aun más elevada. ¿Qué te llevó a esas situaciones cuando eras adolescente? ¿Cómo veías a esa muchacha con la que tuviste sexo? ¿Qué pasó en tu relación luego del «evento»? Para la mayoría de los adolescentes la relación toma un giro descendente luego de que el sexo entra en escena. Las rupturas son descontroladas.

¿Realmente deseas que tu hija experimente la ruptura de una relación? ¿En especial luego de que el sexo esté involucrado? Las rupturas pueden ser extremadamente devastadoras por cinco razones, dice el *Huffington Post*:

1. «El rechazo es psicológicamente desgarrador». Nos lleva a percibirnos como víctimas pasivas.
2. «Estamos directamente conectados al temor al rechazo». Todos queremos aprobación y aceptación; las rupturas cierran eso.
3. «Superar una ruptura es como superar la cocaína». Experimentamos recaídas.

4. «No somos muy buenos en lidiar con la pérdida». Nuestros cerebros perciben la pérdida como más significativa que la ganancia, por lo que no queremos arriesgarnos en otras relaciones.

5. «Mientras más fallamos, más infranqueable parece la meta». Mientras más rechazos recibimos, hacemos menos intentos por encontrar un amor verdadero.[3]

Algunos de ustedes tienen lealtades divididas. Tienes una hija con tu ex, tu hijastra vive contigo, o tienes una hija con tu segunda esposa. Muchos padrastros hacen un gran trabajo como padres, pero es un juego diferente. Como he dicho en otra ocasión, vivir en una familia ensamblada puede sentirse como ser vertido en una batidora sin tapa, con los resultados explotando sobre la pared de la cocina.

Lo mejor que puedes hacer es ser honesto con tu hija que no vive contigo: «Cariño, si pudiera volver a vivir, lo cual es imposible, me casaría una sola vez. Odio que vivamos en lugares diferentes y que no pueda verte todos los días. Pero la vida no siempre va por donde quieres o sueñas que vaya. Tu mamá y yo nos separamos y hubo muchas heridas. Por eso lo lamento mucho. No quiero que nunca tengas que elegir entre nosotros y nunca te forzaré a hacerlo. No podemos borrar las cosas malas del pasado pero podemos elegir seguir adelante. Sé que eso debe ser difícil porque te ha causado dolor. Pero estoy dispuesto a intentarlo».

Para los papás que tuvieron experiencias sexuales antes del matrimonio y tuvieron hijas extramatrimoniales, ten en mente que no tienes ninguna obligación de divulgar información personal a tus hijos. Es obvio que tuviste sexo extramatrimonial si tu hija es el resultado. Ella no necesita saber nada más que eso. Intenta transitar por esa delgada línea de enseñarle a tu hija lo que es correcto con un buen grado de sabiduría. «Cariño, tomé algunas malas decisiones en la vida. Pero de ellas recibí un regalo maravilloso que eres tú. No te cambiaría por nada. Sin embargo, no quiero que tú tengas que pasar por lo mismo que tu madre y yo...».

Cuando a tu hija le gusta un muchacho

Cuando escuchas que tu hija pronuncia el nombre de un muchacho una y otra vez... ¡hola!, no tienes que tener un doctorado para saber que esta persona es especial para tu hija.

Entonces, ¿qué hace el padre listo?

«Hijita, mencionaste unas cuantas veces a este tal Rob y pareciera que piensas que es bastante genial. Nunca tuve el placer de conocerlo. A eso de las siete veremos el partido, comeremos pizza y compartiremos un momento. Si quieres puedes decirle que venga. Pero es tu decisión, no la mía».

Este es el modo de mantener la pelota de tenis del lado de la cancha de tu hija. El peligro está en tratar de microgestionar la vida de tu hija mientras va creciendo y necesita comenzar a jugar el juego de la vida por sí misma. Lo que puedes hacer bien es enseñarle el sentido de responsabilidad, integridad, compasión y respeto desde que es pequeña.

Por cierto, no es justo blandir un arma de fuego cuando Rob entra en la habitación. Eso tal vez funcione en las películas, pero en la vida real es un poco excesivo. Sin embargo, un apretón firme de manos puede ser una buena opción. Comprende que tu hija estará un poco nerviosa si acepta tu gentil oferta, pero ten en mente que si lo hace es porque confía en ti y en tu habilidad para manejar la situación, y eso dice mucho de la relación que has construido con ella.

Si efectivamente trae a Rob, el beneficio es que logras conocer a este tipo que está compitiendo por la atención de tu hija. Diviértete... y asegúrate de tomar tus medicinas para la presión.

Recuerda: todo se trata de la relación. Tuya y de tu hija.

Los padres que están presentes para sus hijas aumentan el éxito de sus hijas en cada decisión de la vida.

Guía rápida de referencia de un buen padre:

- Cuenta historias.
- Construye tu relación.

SEIS

¡Ayuda! La guerra civil acaba de estallar en la sala de estar

Qué hacer cuando las mujeres de tu casa están en guerra y tú ondeas la bandera de la tregua.

Cuando yo era un niño solíamos jugar a un juego que se llamaba «el medio». Dos o más jugadores tenían que pasarse la pelota (si eran más jugadores formaban un círculo) mientras que el jugador del medio trataba de interceptarla. Estar en el medio era una posición difícil ya que los otros jugadores ponían todo su esfuerzo en excluirte. Y si eres el hijo menor de una familia, como lo soy yo, tienes recuerdos muy presentes acerca de ti viajando en el medio del asiento trasero del automóvil. Hasta el día de hoy detesto sentirme como un emparedado en el asiento del medio de un avión. Siempre me encontrarás en un asiento del pasillo en la primera o última fila.

No hay nada más triste que ser un padre atrapado entre dos mujeres de tu familia, con la guerra convirtiendo a tu casa en un caos. Darías la vida por ambas, pero te piden que elijas estar a favor de una o de otra. El resultado es un gran desastre que rebalsa por todos lados como una fuga de petróleo que se propaga incesantemente.

Guerra de hijas

Si tienes hijas ya debes conocer la definición de «pelea de gatos» y sabes también que puede desencadenarse la Tercera Guerra Mundial si una le usa la ropa a la otra. Bueno, como padre me cansé de las disputas del tipo:

«Dejaste mi suéter tirado».

«No colgaste mi falda».

«Está manchado».

«¡Pa! Ella...».

«¡Ma! Ella...».

Así que decidí ser el rey y proclamar un edicto real. «*No* puedes usar la ropa de los demás... nunca». Fue difícil para ellas lograr alguna retractación, con una declaración tan directa. Y déjame decirte que eso es algo en lo que los padres somos buenos.

> Quien haya inventado el término «pelea de gatos» debe haber tenido hermanas o hijas.

Cada vez que tomes una postura lograrás la atención de tus hijas. Cuando pelean saben exactamente lo que están haciendo. Ya han jugado ese juego antes y sus travesuras están diseñadas para involucrarte en sus batallas. Pero hay varias estrategias importantes para manejar estos pleitos y dejar tu hombría intacta:

Estrategia 1: No entres a esa trampa

Pelear es un acto de cooperación. Se necesitan dos para bailar tango, y tus hijas son muy buenas para eso. De hecho, son especialistas en pelearse entre ellas y manipularte a ti.

Cuando los muchachos tienen un problema, lo gritan bien fuerte y luchan entre sí, y el asunto se resolverá rápidamente. Es un hecho bien sabido que los hombres no usan tantas palabras como las mujeres. Las chicas pueden atacarse verbalmente durante un muy largo tiempo. Quien haya inventado el término «pelea de gatos» debe haber tenido hermanas o hijas.

Estrategia 2: Expresa tu desacuerdo paterno por situaciones que pasan continuamente

Di: «Saben, esto ya se está haciendo costumbre». Envías a cada una a su cuarto, o a habitaciones separadas si comparten la suya. «Creo que ambas necesitan tiempo para pensar esto. Que conste que a mamá y a mí nos disgusta escuchar estas discusiones. De hecho, estoy muy decepcionado con lo que está sucediendo en esta casa».

Jared, quien siempre fue un padre permisivo, estaba tan cansado de que sus tres hijas pelearan que finalmente una noche les dijo: «He estado sentado aquí tratando de ver televisión, pero todo el tiempo me distraje con ustedes tres y el modo horrible en el que se hablan. Ya están lo suficientemente grandes como para resolver esto de una buena vez. Así que les doy cinco minutos para que salgan de este cuarto y lo resuelvan de manera pacífica, sin gritos ni insultos. Y les aseguro que si no lo resuelven en los próximos cinco minutos, lo haré yo. Y en ese caso, les garantizo que a ninguna le gustará».

El silencio cubrió la sala. Porque Jared siempre fue un papá blandengue que dejaba que su esposa manejara las cosas, sus hijas no estaban seguras de si tomarlo en serio o no. Cinco minutos después, cuando continuaron los insultos, Jared resolvió el problema. Tenía razón. A ninguna de sus hijas le gustó... especialmente cuando vieron que lo decía en serio y que su decisión fue quitar todo artefacto de red social de su casa por un mes, toda una eternidad para tres adolescentes.

Después de aquel episodio Jared pudo ver su programa en silencio, y sus tres hijas devinieron mucho más respetuosas mutuamente y con su papá. Todo lo que se requirió para hacer una diferencia fueron unas palabras paternas bien dirigidas y en tono firme.

Como la relación entre géneros de padre e hija es tan importante, provoca un gran impacto cuando expresas tu descontento. Incluso si parece que tus hijas no están prestando atención, créeme que lo están haciendo.

Estrategia 3: Mantente firme en la postura de que no sucederá nada hasta que se resuelva la pelea

Eso significa que una hija no irá al partido de baloncesto; que la otra no irá a la casa de su amiga. Primero resuelven el asunto. Cuando la riña no beneficia a ninguna de las dos y pone un cepo a sus planes, no se verán tentadas a continuarla y pensarán un poco mejor acerca de las consecuencias antes de comenzar la próxima discusión.

Estrategia 4: No te metas

Deja a las dos luchadoras solas para resolver el problema. Es asombroso lo rápido y creativamente que puede resolverse un problema cuando no hay audiencia.

Tus hijas quieren complacerte más que nada. Esa es su motivación interna. Cuando ellas saben que no estás feliz, tú tienes la sartén por el mango para ver que el cambio suceda... para bien.

¿Atrapado en el medio?

- Sé pragmático e impasible.
- Usa pocas palabras.
- Que tu mensaje vaya al grano.

Los padres que recuerdan estas cosas cuando están en el fragor de la batalla entre mujeres saldrán sintiéndose bien consigo mismos.

Cuando el problema es entre madre e hija

Cuando las mujeres de tu casa están en guerra, lo que sucede después tiene absolutamente todo que ver con el modo en que tú respondes.

Si eres impulsivo y pierdes los estribos diciendo cosas como: «¿Podrían terminar? Estoy harto de escucharlas» y «Deténganse. Paren ahora mismo. Están actuando como idiotas», solo estás llevando las tácticas de guerra a un nivel más elevado. Pero si tienes un comportamiento tranquilo en medio de la batalla, puedes ser una fuerza de calma emocional en tu familia.

Hay cierta información importante que necesitas saber primero, y es acerca de mamá. Mamá oso es más propensa a perder la cabeza con la hija que más se parece a ella. Así que si tú estás murmurando (sin que pueda oírte tu esposa, por supuesto): «Estas dos son tal para cual», diste en el blanco. Pero del mismo modo en que un papá puede ser un gran maestro para una hija, también puede serlo para su esposa.

Sin embargo, escucha con atención. *Nunca* lo hagas delante de una hija, sino siempre a puertas cerradas donde solo tu esposa y tú participan de la conversación.

Puedes decir algo como lo siguiente: «Querida: eres la reina de las relaciones y lejos está de mí siquiera sugerir que hagas las cosas de otro modo. Pero me parece que todo este asunto, el gran problema que estamos teniendo en nuestro hogar, comenzó cuando en el desayuno saludaste a nuestra hija no con un "hola" o un "buen día", sino con un "¿ya limpiaste el cuarto de baño?". Como hombre sé que odio cuando me hacen preguntas. Creo que esta mañana las cosas empezaron con el pie izquierdo y fueron en declive...».

Aquí es donde tú, padre, necesitas ser el pragmático de la familia. No quedes atrapado en la pelea. Mantente emocionalmente fuera de ella. Aun cuando tu esposa retruca con un «si me estás diciendo que pida disculpas, *no* lo haré», tú permaneces tranquilo.

Dices con calma: «Haz lo que pienses que es mejor. Pero si en algún punto llegas a esa decisión, pienso que le estarás demostrando la gran persona que realmente puedes ser». Luego te pones del lado de tu esposa y dices algo como: «¿Cómo te sientes ahora? ¿Bien respecto de tu relación con ella?».

La mayoría de las mujeres se calmarán y dirán: «Bueno, no. Para nada». Entonces di gentilmente: «No soy un experto en relaciones como tú y tal vez me equivoque, pero creo que tienes que reconocer tu parte en el problema». Tal vez quieras agregar algo de humor: «Quizás parte del problema es que ustedes son rara y bellamente parecidas».

Pero cuando te presionan y está en juego tu hombría, además del resto, si tienes que elegir entre las dos mujeres, la mejor decisión será correr hacia mamá.

Nunca conocí a una esposa que me diga: «Estoy tan contenta de estar en segundo lugar en el corazón de mi esposo y que sus hijas ocupen el primero».

Tu primera prioridad tiene que ser tu esposa... por tu bien, el suyo y el de tu hija.

Ya no más zona de impacto en mi casa

Mi esposa y mi primera hija siempre tuvieron una relación difícil. Lo advertí por primera vez cuando Kendra tenía tres años y un día llegué a casa y las encontré mirándose furiosamente. Ninguna se movía, ninguna estaba dispuesta a rendirse. Cuando Kendra cumplió trece, los gritos y discusiones entre ellas empeoraron tanto que varias veces al llegar a casa del trabajo, volvía al auto y conducía nuevamente hasta el trabajo. Sé que suena terrible pero estaba harto de todo el drama. Una de esas noches un compañero de trabajo me encontró desplomado sobre mi escritorio con mi cabeza entre mis manos y me preguntó qué me pasaba. Cuando le expliqué me sonrió como si supiera.

«Suena como mi casa antes de que leyéramos un libro», me dijo. El libro era *The Birth Order Book* [El libro del orden de nacimiento], y me prestó la copia que tenía en su escritorio. Esa noche me quedé allí sentado y leí el libro entero de una sola vez. Finalmente descubrí el motivo por el cual mi esposa y mi primera hija peleaban tanto: ambas eran primogénitas y estaban determinadas a ganar. Ninguna retrocedía nunca. Yo era un hijo nacido en el medio, cansado de ser pacificador entre ellas.

Esa noche volví a casa a las once y todo ya estaba en calma. Mi esposa e hija estaban dormidas. Al día siguiente le pregunté a mi jefe si podía tomarme un receso de almuerzo más largo que el habitual y sorprendí a mi esposa llevándola a su restaurante favorito. Tuvimos una larga discusión basada en algunas partes de *The Birth Order Book* [El libro del orden de nacimiento] que yo había marcado. Nunca mencioné que lo estaba haciendo porque estaba harto de la zona de impacto en mi casa. Mi esposa estaba tan intrigada que quería quedarse con el libro. Llegada la noche ella ya había leído el libro entero, de tapa a contratapa.

«Sabes, a Kendra tal vez le interese también», me dijo. «Como no nos estamos llevando muy bien, no creo que lo lea si yo se lo pido. Pero si *tú* lo haces...».

Así que convenimos que sorprendería a Kendra buscándola al colegio y llevándola a su restaurante favorito para una cena temprana. Tuve una conversación similar con ella. También estaba intrigada con lo que afirmaba *The Birth Order Book* [El libro del orden de nacimiento]. Comenzó a hablar acerca de cómo podría ayudarla a comprender a sus amigos de la escuela.

«¡Ah!, a propósito, papá», dijo, «mis amigos cancelaron la salida al cine del viernes por la noche. Tal vez podamos ordenar pizza y hablar más sobre esto».

Sin decir nada arreglé para que nuestros dos hijos menores no estuvieran en casa esa noche durante nuestra discusión. No los quería en nuestro hogar si la zona de impacto se abría nuevamente.

Mi esposa, hija y yo estábamos hablando acerca del orden de nacimiento mientras comíamos pizza cuando, de repente, mi hija golpeó la mesa.

«¡Entonces es por eso!», exclamó. «Soy una primogénita y mamá también. Y justo aquí dice que los primogénitos están preparados para ganar, sin importar el costo en sus relaciones.

Por eso peleamos todo el tiempo...». Le echó una miradita a su madre. «Oh, lo siento, mamá».

Mi esposa quedó con la boca abierta. Ella también se dio cuenta de lo que estaba sucediendo. No voy a afirmar que a partir de esa noche la relación entre ellas ha sido perfecta, pero las conversaciones que tuvimos aquella semana fueron un marcado punto de inflexión en su relación. Ahora un noventa y cinco por ciento del tiempo se hablan con gracia. Y el otro cinco por ciento del tiempo están aprendiendo a decir «lo siento». Mi hijo menor incluso dijo: «¡Increíble, papá!, ¿qué hiciste? ¿Agitaste una varita mágica o algo parecido? Mamá y Kendra ya no hacen escándalos».

Bueno, la varita mágica para nuestra familia fue *The Birth Order Book* [El libro del orden de nacimiento]. Desde entonces todos nosotros hemos leído muchos más de sus libros y nos han ayudado de muchas maneras. ¡Siga escribiéndolos! Ha hecho una gran diferencia en nuestra familia.

—Matt, Connecticut

Cómo incrementan la competencia los cambios naturales

El modo en que tu esposa fue criada por su padre y su orden de nacimiento en la familia están directamente relacionados con el modo en que los ve a ti y a tu hija. ¿Cómo era la relación de tu esposa con su padre? ¿Cálida? ¿O siempre se sentía inferior? ¿La trataba de manera distante o como una princesa?

Si su padre era crítico (el tema del próximo capítulo), enton-ces ella se ha estado mintiendo toda su vida afirmando que nunca es lo suficientemente buena. Tal vez externamente pareciera que le está yendo genial en la vida, pero algo en su interior la machaca en la cabeza aun cuando ella sea brillante.

Tal vez te hayas casado con «la princesita de papi», quien tiene incorporada la idea de que puede conseguir todo lo que quiere. Puede llegar a usar lágrimas, falsas enfermedades y hasta rabietas para salirse con la suya, pero siempre lo logra.

¿Tiene que hacer algo grande para que la noten? Tal vez ella era la rebelde que disfrutaba decepcionando a su padre... o la santa que era «perfecta» porque no se atrevía a contradecirlo.

Si tu esposa se siente cómoda entre hombres, eso significa que creció rodeada de ellos y prefiere su compañía porque tuvo una experiencia padre-hija positiva. También podrá relacionarse contigo con más facilidad. Pero si fue hija única, tal vez sea menos comprensiva o paciente con la rivalidad entre hermanas de tus hijas.

Cuando tu hija nació, lo más probable es que hayas notado que tu esposa tenía un sexto sentido respecto de las necesidades de un bebé y una comprensión asombrosa, casi intuitiva de lo que esa bebé estaba tratando de comunicar. Tú luchabas para captar la diferencia entre un llanto «de hambre» y un llanto de «me hice pipí». Tu esposa simplemente lo sabía. Ella como mamá era muy hábil para anticipar los deseos de tu hija, pero tal vez a causa de esto tu hija no aprendió a comunicar sus necesidades de un modo efectivo. Cuando un padre interactúa con su hija bebé, ella se ve forzada a comunicarse de diferentes formas para que puedan comprender. Así que, papá: tu supuesta «debilidad» en realidad ayuda a fortalecer a tu hija para el futuro. ¡Es algo bueno que no ejerzas la paternidad del mismo modo que una mujer lo hace!

Cuando esa bebé pasa a ser deambuladora tú eres necesario nuevamente para ayudar a tu hija a aprender el modo de aceptar la atención de un hombre. Hasta este punto tu esposa ha estado conectada integralmente con tu hija. Después de todo no puedes amamantar, ¿o sí? No hay más que decir. Cuando la deambuladora crece hasta la edad escolar, una mamá puede sentirse celosa del interés de su hija por pasar tiempo con su padre. *Fui yo quien cambió todos esos pañales y la mecí hasta que se durmiera, ¿y ahora lo quiere más a él que a mí?* Pero el interés creciente de una hija en una relación con su padre es algo muy bueno y necesario.

> Papá: tu supuesta «debilidad» en realidad ayuda a fortalecer a tu hija para el futuro.

Es normal que una hija de cinco años busque la atención de su padre y que incluso se resienta con su madre, en especial si ve a su madre como alguien que le quita tiempo de sus actividades con su papá. Pero esos cambios son cruciales en la definición que haga tu hija de lo que significa ser *mujer*. Si tú y tu esposa comprenden lo que está pasando y lo conversan, habrá menos competencia por tu atención entre ella y tu hija. También tienes la maravillosa oportunidad de mostrarle a tu hija el modo en que papá y mamá resuelven los conflictos de maneras saludables... juntos.

Entre los seis años y la preadolescencia la visión que una hija tiene de su padre cambiará de una visión idealizada («mi papi es perfecto, el más grande y el mejor») a una más realista («mi papá tiene fortalezas y debilidades, como toda persona»). Durante esta etapa un padre involucrado puede ayudar a su hija a comenzar la necesaria separación con la madre, en lugar de hacer una regresión a ser una bebé de nuevo, donde mamá toma todas las decisiones. Sin embargo, papá, ten en cuenta que esta etapa puede ser extremadamente dolorosa e hiriente para tu esposa, quien se sentirá excluida a menos que en verdad comprenda lo que está sucediendo. Su bebé está creciendo.

En la adolescencia el padre involucrado se convierte en la figura masculina con la que ella compara a todos los demás hombres. Si lo admites, apoyas y alientas a tu hija, ella tendrá la capacidad de sortear con éxito las dificultades en su camino hacia la adultez. Madre e hija pueden convertirse en «mejores amigas» durante esta etapa, algo que toda madre anhela. Sin embargo, la mamá debe tener mucho cuidado de no proteger de manera muy posesiva los momentos de mujeres juntas, de modo tal que esto le impida a su hija recibir la atención de su padre, también importante y necesaria.

Desde el nacimiento hasta el matrimonio, en cada una de las etapas de la vida, la presencia paterna activa es de vital importancia. Si ambos padres comprenden las etapas y por qué suceden, la vida en el hogar transcurrirá mucho más apaciblemente.

Ayer Luke, el papá de una hija única que se encuentra en primer año de la escuela secundaria, me contó lo entusiasmado que estaba de que su hija pronto podría obtener su permiso de conducir. «Es una gran etapa nueva el ir ganando independencia. Ella es una mujercita maravillosa y confiable, y será una conductora excelente. También ayudará mucho a mi esposa el no tener que llevarla a todos lados una vez que Luke obtenga su licencia».

Compara eso con la respuesta de su esposa: «¡Parece increíble!, nuestra bebé está creciendo», dijo con algunas lágrimas. «A veces quiero regresar a eso días de bebé en los que la protegía entre mis brazos y la mecía hasta hacerla dormir».

¿Ves la diferencia? Papá, cuando conoces esas diferencias y comprendes las etapas, podrás atravesar de manera competente en medio de los campos minados de las relaciones femeninas. De hecho, otros padres te pedirán consejo. Tanto madre como hija necesitan tu atención, firmeza, sabiduría, comprensión y amor incondicional.

Sin embargo, quiero ser absolutamente claro en este tema: el mejor regalo que puedes darle a tu hija es que a tus ojos tu esposa sea la número uno. No estás criando una hija saludable si brindas toda tu atención a «la pequeña de papi» y no dejas nada para la esposa de papi.

> El mejor regalo que puedes darle a tu hija es que a tus ojos tu esposa sea la número uno.

Algunos de ustedes son padres divorciados y se avergüenzan ante esas palabras. Digámoslo ya: el divorcio nunca es bueno, y muchas son las personas que pagan el precio. Pero tú puedes reducir el costo para tu hija si

- no peleas por nada con tu exesposa;
- afirmas tu amor por tu hija;
- te involucras en su vida de una manera positiva;
- consultas rápido la opinión de tu hija en los asuntos relacionados con ella, contigo, y con otros miembros de la familia;
- no caes en la trampa de darle cosas en exceso;
- recuerdas que si la amas también la disciplinas.

Si haces estas pocas cosas tu hija tiene grandes probabilidades de vivir una vida plena.

Para aquellos de ustedes que están casados, la mujer con la que se casaron siempre está primera. Si mantienes a tu esposa como tu prioridad número uno, tu hija verá un matrimonio sano con dos compañeros que cooperan, y podrá desarrollar un modelo apropiado para su propio matrimonio algún día.

Si quieres ser un padre exitoso sé un padre activo y un esposo activo.

Beth, la hija adolescente de Max, generalmente es bastante callada pero puede hablar muchísimo cuando están viajando en el auto. Entonces él, siendo el padre listo que es, encuentra siempre motivos para llevarla en pequeños viajes, aunque sea a comprar un chocolate caliente durante un receso escolar.

Un día Beth dijo: «No sé qué quiero hacer después de la universidad. Pero sí sé lo que no quiero».

«¿Y qué es eso?», preguntó Max.

«Trabajar».

Max no pudo contenerse. Se rio. «Sabes, Bethie, trabajar es algo muy importante en este mundo».

«Lo sé. Y estoy dispuesta a hacerlo, pero quiero trabajar como mamá: en casa. Quiero ser una mamá».

¡Ah!, esta era una oportunidad para un momento de enseñanza, y Max lo supo aprovechar. «Si quieres ser como mamá será mejor que te cases con alguien como papá, alguien comprometido con los valores de tener a mamá en casa criando a los hijos. No todos los hombres quieren eso».

¿Qué estaba haciendo Max? Mostrándole a su hija «ahora interesada en muchachos», que mamá y papá trabajan como un equipo. Si Beth quiere tener una vida como la que su madre tiene, deberá elegir un esposo similar a su padre.

Beth reflexionará sobre esa conversación por un largo tiempo, acerca de los grandes ejemplos que tiene en su madre y su padre. Juntos, sus padres le están enseñando a comprender el modo en que un hombre y una mujer se relacionan, trabajan juntos, y forman una familia saludable.

¿No es eso lo que quieres para tu hija, papá? ¿Qué tenga las mayores posibilidades de ser feliz en su propio matrimonio? Si es así, aprende a llevarte bien con tu esposa. Colma a tu hija de afecto, pero guarda para tu esposa el mayor caudal de tu atención. Si haces esto, toda tu familia se beneficiará.

Guía rápida de referencia de un buen padre:

- Mantén la calma.
- Apoya a mamá.

SIETE

El ojo crítico

Aquello que te convierte en bueno en tu lugar de trabajo puede ser contraproducente en el hogar. Cómo cambiar las cosas.

Estaba sentado en un juego de Bobbie Sox (para aquellos de ustedes que no lo saben, es softbol de niñas) en un hermoso día soleado, cuando una rubiecita de ocho años se paró en el plato. Durante todo el tiempo que estuvo bateando, su padre le gritaba enojado desde la tribuna.

«Separa más los pies. Pon tus manos juntas en el bate...».

Me apenó esa pequeña niña. Claramente estaba avergonzada y estresada. ¿Quién no lo estaría con ese padre sabelotodo? Sacudí mi cabeza. Hacen tanto daño los padres que saben cómo debe ser la vida de todos los demás y que terminan viviendo sus vidas indirectamente a través de sus hijos.

Para decirlo de un modo muy entendible, este hombre era un cabeza hueca.

Muchos de los hombres creemos que lo sabemos todo. Desde la cuna somos preparados para competir, por lo que somos críticos con aquellos que nos rodean y ni siquiera nos damos cuenta de lo duros que estamos siendo con nuestras hijas.

En la película *Un paseo por las nubes*, una jovencita llega a los viñedos familiares en California. Lo que su familia no sabe es que está embarazada, y que un gentil soldado (Keanu Reeves) accedió a fingir ser su marido para protegerla, al menos de manera temporaria, de su padre crítico y controlador. Cuando su padre le exige que le diga la verdad, ella le dice: «La verdad que tú quieres es la que te conviene, esa es la única verdad que tú aceptas». En el transcurso de la historia, Reeves se enamora de ella y aboga con su padre: «¿No puede ver lo especial que es ella?». Pero el padre continúa criticándola. Cuando su cólera y sus modos dominadores casi destruyen su propio viñedo y por lo tanto el estilo de vida que su familia llevaba por generaciones, el padre cae de rodillas. Su familia se reúne a su alrededor y él tiene que admitirle a su hija: «Tenía miedo de perderte... a todos ustedes».[1]

Verás, la necesidad de controlar a las personas y situaciones de las personas con ojo crítico, en realidad provienen de una inseguridad profunda. La persona insegura trata de sentirse mejor rebajando a los demás. Esta inseguridad es acompañada de un mantra que afirma: «La vida tiene que ser perfecta. Hay una manera correcta de hacer todo, y es mi manera. Tengo todas las respuestas y tengo que estar en lo correcto. Eso significa que tengo que controlar la situación».

Escenarios de padres críticos

Tu hija está lista para salir a una cita. Baja las escaleras luciendo un atuendo que no consideras apropiado.

Tú ladras: «¡No saldrás así!».

Y ella grita: «¡Mamá!».

«Tu habitación parece un chiquero. Estoy harto de verla».

«Pero, papá, yo...».

«¿Cuántas veces debo decirte que mantengas tu cuarto limpio?».

«Papi: necesito dinero».

«¿Qué quieres decir con que necesitas dinero? Te di dinero la semana pasada».

«Ya lo gasté todo».

«¿Y tú qué crees, que el dinero crece de los árboles? Eres tan irresponsable. Pensé que podías administrar el dinero de una mejor manera».

Cuando las calificaciones llegan a casa, tu hija tiene cinco A y una B+.

Tú dices: «¡Ey!, ¿qué pasó con esta B+?».

Tu hija llega a casa desecha porque no consiguió el empleo que quería.

Tú dices: «Bueno, si hubieras lucido algún atuendo que pareciese más profesional, lo hubieses conseguido».

Lo que la mamá de Tambor dijo sigue siendo verdad

«Si no puedes decir nada con amabilidad
entonces no digas nada».[2]

Los padres con ojo crítico pueden encontrarle el defecto a todo. Siempre eligen el golpe bajo, el comentario que dice: «Puedes hacerlo mejor». Veo esto en las historias de muchos adultos que me dicen: «Mis padres nunca me dijeron: "Estoy orgulloso de ti" o "Te amo"».

Para empeorarlo, muchos padres usan a sus hijos. Por ejemplo, conozco una mujer de treinta y nueve años que es muy buena en matemática. Se convirtió en la contadora de su padre y gerente en su empresa tan pronto como se graduó de la universidad. El viernes pasado cuando estaba lista para retirarse a las 5:00 p.m., entró su padre a su oficina y se acercó hasta el escritorio con el ceño fruncido y le dijo: «Escucha: necesito todo esto listo. Podrías haberlo hecho todo hoy, pero eres lenta... como siempre. Tiene que estar listo mañana a la mañana. Debes quedarte y terminarlo». A pesar de que ahora su hija es adulta, su padre continúa controlándola con su ojo crítico.

Papá: ¿estás tratando a tu hija del modo en que te gustaría que te traten?

Síntomas de que eres demasiado crítico:

- Tu hija hace un dibujo y lo rompe delante de tus ojos porque no es lo suficientemente bueno.
- Tu hija rinde un examen y dice: «Me fue muy mal».
  Luego te enteras de que se sacó una A.
- Tu hija pide disculpas siempre antes de que lo hagas tú.

Es muy probable que el padre perfeccionista y de ojo crítico haya crecido recibiendo ese trato también. Por eso es tan importante que dejes a un costado tu ojo crítico por el resto de tu vida y la de tu hija. Será difícil no criticar porque la crítica está muy arraigada en ti. Tu primer instinto siempre es encontrar defectos. Es como un virus emocional o psicológico que le traspasas a tu hija.

Stan tiene un hijo y una hija. Su hijo, Michael, era muy apuesto, una estrella de atletismo, un estudiante sobresaliente, querido por todos y con una personalidad que atraía a todos. Su hija, Cheryl, dos años menor, tenía un aspecto normal, no era tan buena estudiante y no parecía sobresalir en nada. No fue sino hasta que Cheryl se casó después de terminar la universidad que Stan se dio cuenta del gran impacto que tuvo su ojo crítico sobre su hija.

«Mi yerno es una copia exacta de mí, pero aun más crítico», dice Stan. «No tolero ver el modo en que mis críticas derribaron a mi hija de tal manera que no quiso intentar nada, porque sabía que no podría hacerlo tan bien como su hermano. Ahora mi yerno está haciendo lo mismo con mi hija y nietos, y estoy viendo el impacto que causa en las vidas de cada miembro de la familia. Estoy trabajando duro para cambiar mis respuestas en mis interacciones con mi hija y nietos. Pero eso no es suficiente. Desearía que un día alguien me hubiera sentado y dicho lo que le estaba haciendo a mi hija. Tendré que hablar con mi yerno. Tal vez me escuche o tal vez no, pero al menos lo intentaré».

Los pros y los contras de tus habilidades

¿Cómo haces para modificar lo que quieres cambiar?

Primero, te dices la verdad acerca de ti mismo. Admites que eres un buscador de defectos. No existe un polvo mágico para solucionar esta situación. Una de las cosas más resistentes al cambio es la personalidad. Has sido perfeccionista y crítico contigo y con otros desde niño. Tú eras el niño que solía ordenar alineando tus LEGOS y autitos de juguete con una precisión militar. Lo más probable es que seas primogénito o hijo único. El modo en que respondes a la vida ha sido arraigado en ti. Si quieres una relación con tu hija eres tú quien debe cambiar. Sin que haya un cambio de tu parte primero no puedes tener una relación con tu hija.

Segundo, date cuenta de que las habilidades que te ayudan a lograr aumentos, premios y corregir informes en el trabajo son las mismas habilidades que trabajan en contra tuyo en tu vida personal. Los perfeccionistas suelen ser ingenieros, profesores de matemática, arquitectos, contadores, profesores de inglés, u otras ocupaciones similares. En esas profesiones el perfeccionismo da buenos resultados. Pero resulta contraproducente cuando lo usas con las personas que amas. Si descubres el defecto en tu hija pagarás el precio logrando que ella se cierre.

Tercero, como tus tendencias a buscar defectos están arraigadas en ti, tendrás que ejercitarte en esta práctica. Tu intención inicial siempre será encontrar la falla y fracasarás vergonzosamente a menos que te detengas y preguntes: «¿Qué hace el viejo yo?». Y luego: «¿Qué hará diferente el nuevo yo?».

> Mientras mantienes tu boca cerrada, busca algo positivo para decir.

Si no mantienes tu boca cerrada mientras te haces esas preguntas, automáticamente harás lo que solías hacer antes. Así que, mientras mantienes tu boca cerrada busca algo positivo para decir. Sí, al principio será tan difícil como tratar de hacer doblar el cauce de un río. Pero con práctica y acción intencional el fluir del agua puede formar un tipo diferente de canal. Puedes alcanzar el éxito con pequeños pasos de progreso.

Pero avanzar en esta área es crucial para el bienestar de tu hija, tanto actual como futuro. Criticar a una hija causa estragos en su vida. La hace pensar: *No valgo nada*. Si ella no piensa que tiene algún valor, ¿a quién atraerá a su vida? A las personas que la tratarán como si ella no valiera nada. Se convertirá en un estropajo complaciente; el tipo de mujer pisoteada y abusada por los demás, tanto en el trabajo, como en el matrimonio, o en sus demás relaciones. ¿Es eso lo que realmente quieres para tu hija?

Pregunta a Dr. Leman

P: Acabo de leer *Grandes y chicos* y me di cuenta de que estuve siendo el paradigma de padre crítico. Me aflige saber que los asuntos con los que está lidiando mi hija de diez años se atribuyen de modo directo a la forma en que la traté como padre. Siempre supe la manera correcta de hacer las cosas y esa era *mi manera* de hacerlas. Pensé que estaba haciendo lo correcto al responsabilizarla y ser duro con ella. Ahora me doy cuenta de que ha sido un gran error. ¿Es posible revertir las cosas? Si lo es, ¿cómo?

R: Sí, es posible revertir las cosas. Pero la primera cosa importante que necesitas comprender es que, en este momento, no tienes una relación con tu hija. La totalidad de tu conexión ha sido construida sobre reglas y hacer las cosas a tu manera. Ella no ha podido ni siquiera dar una opinión en el asunto. Lo primero que tienes que hacer es disculparte.

«Hijita, he llegado a la conclusión de que tu padre ha sido un tonto. No me había dado cuenta hasta este momento. He actuado como si solo hubiera una manera de hacer las cosas, y esa era mi manera. He estado muy equivocado y debo pedirte perdón».

Luego tienes que ponerte al lado de tu hija, escucharla, estimularla, y alejarte de tu postura para escuchar su perspectiva. Los viejos hábitos son duros de cambiar, así que tendrás que trabajar muy duro para pensar antes de hablar o actuar. ¿Qué solías hacer? ¿Qué deberías hacer? ¿Qué harás diferente? Sería bueno para tu hija y para ti que leyeras dos de mis libros: *Ten un nuevo «tú» para el viernes* y *Why Your Best Is Good Enough* [Por qué lo mejor de ti es lo suficientemente bueno].

Por qué cambiar tus maneras es tan importante para tu hija

Muchos se han preguntado cómo soportó Hillary Rodham Clinton la humillación pública de la infidelidad de su esposo. Bueno, aquí hay una pista: el papá de Hillary era un típico ejemplo de estilo paterno tipo Segunda Guerra Mundial. En la década de 1940 entrenó tropas para el combate, aunque él nunca combatió ni salió de Estados Unidos. Con el tiempo devino dueño y único empleado de su propio negocio, fabricando cortinas. Hillary lo describió como un «pequeño hombre de negocios, autosuficiente y duro».[3]

Sin embargo, no era un padre positivo. En cierta ocasión Hillary llevó a su casa la libreta de calificaciones con todas A. «El único comentario de mi padre», recuerda Hillary, «fue: "Bueno, Hillary, la escuela a la que asistes debe ser muy fácil"». En otra ocasión dijo: «Bueno, Hillary, ¿cómo saldrás sola de esta?».[4]

En su libro, *It Takes a Village* (*Es labor de todos*), Hillary expresa: «Los niños sin padres, o cuyos padres entran y salen de sus vidas luego de un divorcio, son pequeños botes precarios en el mar más turbulento».[5]

Lo que ella no menciona, pero demuestra inconscientemente, es que los hijos que tienen padres críticos crecen acostumbrados al trato que recibieron como hijos y esperan ser tratados de ese modo cuando crecen. ¿El mensaje en el hogar Rodham? Conviértete en un duro. Las emociones muestran debilidad de carácter. «Tal vez por eso ella es una persona tan tolerante», dijo Dorothy, la madre de Hillary, respecto de su hija. «Ella tenía que aguantarlo».[6]

Como psicólogo practicante he encontrado pocas generalizaciones que sean tan acertadas, pero hay una en particular que desafortunadamente es muy cierta: la mayoría de las mujeres que se crían con padres perfeccionistas y críticos tienen expectativas elevadas de sí mismas. A pesar de que por fuera pueden parecer exitosas, por lo general se sienten internamente fracasadas.

También tienden a casarse exactamente con el hombre equivocado. He visto a muchas mujeres que han sido marcadas por sus padres que luego se autoboicotean para demostrar que no valen para nada, como sus padres les dijeron.

El primer esposo de Jenna, un muchacho apuesto de quien se enamoró rápidamente en el secundario, era abusivo y controlador. Luego de que se divorciaran él se mudó y se negó a pagar la manutención de sus hijos, dejándola a ella y a sus dos pequeños prácticamente indigentes. Jenna trabajaba en tres empleos para sostener a su familia. Cuando conoció a Frank, un hombre mayor, estaba segura de que era el apropiado. Él quería estar involucrado en su vida y la de sus pequeños, algo que su padre y su exesposo nunca hicieron. Pero cuando se casaron no le llevó mucho tiempo ver a Frank como realmente era: un mujeriego, alcohólico, alguien que vivía de los demás y no había trabajado nunca en su vida.

La mayoría de las mujeres que se crían con padres perfeccionistas y críticos tienen expectativas elevadas de sí mismas.

¿Por qué Jenna migraba hacia fracasados? Porque hacerlo refuerza la imagen que su padre crítico le inculcó acerca de sí misma: que no vale lo suficiente para ser amada.

Tristemente, para empeorar las cosas, las mujeres que tienen una opinión baja de las mujeres, invariablemente encuentran hombres con la misma opinión. Irónicamente se necesita un padre fuerte para dar a una mujer una visión elevada de la femineidad. Las hijas que son amadas y aceptadas por sus papás se consideran a sí mismas dignas de ser amadas, por lo que buscan hombres que las traten como papi lo hace.

Padre, por eso es crucial que le prestes atención a tu hija ahora, que la ames incondicionalmente y la aceptes. Si no lo haces tal vez ella pague por esa falta de atención el resto de su vida con una elección matrimonial desastrosa. También afectará en gran manera el modo en que ella y su esposo traten a tus nietos.

Si eres una mujer y estás leyendo este capítulo, es importantísimo que también entiendas el papel que juega el ojo crítico en las relaciones. La relación de una mujer con su padre dejará una huella imborrable en la manera que ella trate a sus hijos varones. ¿Recuerdas lo que dije acerca de que las relaciones cruzadas de género son las que más influyen? Los hombres necesitan estar conscientes de esta dinámica para ayudar a lograr equilibrio; las mujeres necesitan estarlo para ayudar a enderezar un barco familiar que está escorado.

El tiempo de hacer ambas cosas es ahora.

Puesta a punto de papá

Pregúntate:

- ¿Reacciono rápido?
- ¿Prejuzgo a las personas y las situaciones?
- ¿Voy directo a sacar conclusiones?
- ¿Mi respuesta automática es «no»?
- ¿Exploto con facilidad?
- ¿Soy excelente encontrando defectos? ¿Un criticón?
- ¿Tengo la necesidad de tener razón?
- ¿Culpo a otros por mis propios defectos?

Si has respondido afirmativamente a alguna de las preguntas anteriores, tienes un ojo crítico.

«Te amo tal como eres»

Andrea, una hija única, era estudiante de segundo año del secundario, hermosa, inteligente y apreciada por sus docentes y compañeros. De hecho, todos la señalaban como un ejemplo de adolescente que lograría grandes cosas algún día. Tenía casi todas A en sus calificaciones, era campeona de atletismo en su escuela, y comenzó un grupo de voluntariado en un refugio para animales maltratados.

Andrea también estaba embarazada de tres meses. Conocí a la familia cuando su mamá me llamó por ayuda.

«Su padre no lo está tomando muy bien», dijo con la voz temblando.

La primera vez que vi a la familia el padre se negó a venir. Dijo que no era su problema sino de Andrea.

Soy psicólogo. No acepto ese tipo de comentarios. Así que lo llamé e insistí que viniera... ahora.

Un padre muy enojado entró a la habitación poco tiempo después. «¡Es ella quien necesita que la enderecen! ¡Y ese novio suyo! ¿Entonces por qué necesitas hablar conmigo?».

Andrea había estado saliendo con el mismo muchacho por más de un año. Nick era dos años mayor y estaba en el último año de la escuela. Ambos eran buenos chicos y triunfadores. Se habían conocido cuidando a un cachorro maltratado en el refugio. Ambos tenían, literalmente, un corazón por los menos afortunados. Mientras más conocía de ellos, más comprendía el porqué. Andrea no podía recordar ni una vez que su padre le dijera que la amaba; Nick no recordaba que su madre siquiera se lo hubiese dicho. Ambos adolescentes tenían personalidades sensibles que sufrían terriblemente de crítica parental. Eso solo los acercó más para consolarse mutuamente y una noche las hormonas se dispararon.

«Cuando miré a Nick a los ojos y él me dijo que me amaba, me di cuenta: *Esta es la primera vez que un hombre me dice eso*», me contó Andrea.

«¿Cuándo fue la última vez que tu padre te dijo que te amaba?», le pregunté.

Ella dejó caer su cabeza. «Nunca».

Luego susurró: «Nunca fui lo suficientemente buena». Levantó su cabeza y me miró, con lágrimas en sus ojos. «Desearía que me lo hubiera dicho al menos una vez».

Ahora, eso es una tragedia. En ese punto yo ya quería golpear a ese padre justo donde más duele, por lo que le había hecho a su hija.

Papá, ¿cuándo fue la última vez que le dijiste a tu hija «te amo»? ¿O simplemente asumes que lo sabe? ¿La tratas como el precioso tesoro que es, o tiene que saltar constantemente sobra la alta barra fija de tus expectativas?

Es hora de poner en práctica la letra de la clásica canción de Billy Joel: «Te amo tal como eres».

> ¿Cuándo fue la última vez que le dijiste a tu hija «te amo»?

Adelante, comienza ensayando articular las palabras si no puedes decirlas de una vez.

Si tienes la tendencia a tener tal ojo crítico, modifícala para afirmar y estimular, porque tu tendencia innata será criticar.

Una de las necesidades fundamentales de un ser humano es la aceptación. Tu hija pertenecerá a algún lugar. Entonces: ¿dónde será? ¿Contigo o en los brazos de alguien más?

Si le preguntaras a cada uno de mis hijos: «¿Quién es el favorito de tu padre?», te apuesto que cada uno susurrará: «No se lo digas a los otros, pero estoy seguro que soy yo». Todos piensan que son el preferido, y trabajo para mantener el lugar atesorado por cada uno en mi corazón. De hecho, todos tienen apodos puestos por mí. Por ejemplo, Hannah es «el pequeño cacahuate de papá». Lauren es «el pequeño panecillo de papá». Un día estaba cansado y me referí a Lauren como «el pequeño cacahuate de papá» y fui reprimido con un vigoroso «¡no soy el pequeño cacahuate de papá, soy el pequeño panecillo de papá!». Eso es algo más que aprendí como padre de hijas: no confundes los apodos de tus hijas... nunca.

Tu hija necesita tu afirmación; ella anhela pertenecerte, ocupar ese preciado lugar en tu corazón.

¿Qué pasó con Andrea, Nick y su bebé? Ellos eran adolescente inusualmente maduros. Sabiendo que no estaban listos para casarse o ser padres, decidieron concederle a otra pareja el don de la adopción. Con la ayuda de su sabio administrador escolar, Andrea pudo mudarse a la casa de una pareja mayor que vivía cerca y terminar sus últimos meses de primer año mediante el sistema de escuela en casa. Nick le llevaba la tarea todas las noches y la acompañaba a las citas con el doctor. Su bebé nació en el verano, con Nick en la sala de parto. Cuando Nick sostuvo a su bebé, lo primero que susurró fue: «¡Ah!, finalmente aquí estás. Como un pequeño ángel. Te amo, hijita».

Andrea comenzó a llorar. Esas eran las palabras que por tanto tiempo había anhelado escuchar de su padre. Ahora eran las primeras palabras que su pequeña niña escuchó del suyo.

Hoy Andrea está en primer año de la universidad. Nick cursa el último año de la misma universidad. Ya no son novios pero tampoco frecuentan a otras personas. Se están enfocando en cultivar su amistad, comprendiendo que esa será la mejor manera de establecer un fundamento sólido para el matrimonio, si eligen ese camino en el futuro. Ambos siguen siendo triunfadores: Andrea apuntando a ser veterinaria y Nick profesor de escuela secundaria. Dos sábados al mes trabajan como voluntarios en un refugio local de animales. Un fin de semana al mes viajan para visitar a su hija (que ahora tiene cuatro años) a la casa de sus padres adoptivos. Nunca se van sin antes decirle a la pequeña Nicole: «Te amo».

Palabras tan sencillas.

Pero hacen una diferencia del tamaño de una montaña en la vida de tu hija, tanto ahora como en su futuro.

Guía rápida de referencia de un buen padre:

- Afirma en lugar de señalar defectos.
- Di: «Te amo» siempre y con frecuencia.

OCHO

Un pastel sin azúcar

Por qué comprarle cosas a tu hija e intermitentemente acercarte y alejarte de su vida nunca suplirá lo que ella más quiere de ti: a ti mismo.

Era nuestro aniversario de casados y mi hija estaba decidida a hacernos un pastel. No quería ninguna ayuda. Podía hacerlo sola, muchas gracias.

Para ser sinceros el pastel resultante fue espantoso. Pero sabía que llegaría el día en que mi hija podría hacer galletitas de chocolate y pasteles que tuvieran buen sabor, así que no quería desalentarla en su primer intento.

Por supuesto que no ayudó mucho haber asado el pastel en lugar de cocinarlo. «Solo encendí el horno», explicó, «¿cómo iba a saber que los controles estaban puestos para asar?».

Suena lógico. Luego de raspar la corteza superior el «pastel» medía dos centímetros y medio de alto. Mi hija lo cubrió con glaseado para que recordáramos que no era un biscocho de chocolate, y luego nos sirvió una porción a mi esposa y a mí.

«Está tan... húmedo», dijo Sande con delicadeza. «No puedo creer lo húmedo que está».

«Delicioso, hijita», agregué tragando un bocado. «¿Podrías darme otro vaso de leche?... Y ya que estás, ¿traerías la botella llena?». La sonrisa de mi hija valía hacer el esfuerzo.

A la mañana siguiente, Sande estaba hurgando en la alacena. «¿Dónde está la leche en polvo? Compré una caja grande hace unos días y ahora no la encuentro».

«¿Leche en polvo?», preguntó mi hija.

Sande giró a tiempo para ver a los ojos de nuestra hija dirigirse hacia el «pastel» infame.

«¿Quieres decir que eso no era harina?», preguntó mi hija.

Sande soltó una carcajada y nuestra hija se le unió. ¡Con razón el pastel parecía tan húmedo!

Los pasteles son algo relativamente sencillo de hacer pero si cambias siquiera uno de los ingredientes esenciales, como la harina, o te olvidas de ponerle azúcar, el resultado será un desastre. El ingrediente fundamental en la vida de cualquier mujer es su relación con su padre. Si eso no está, o se encuentra distorsionado, ella tendrá que gastar una buena parte de su tiempo y energía superando el déficit. Si la hija no ha experimentado el amor y la aceptación incondicional de su padre, tal vez se considere amada cuando un hombre le demuestra interés, aunque en realidad todo lo que tiene es una relación sexual. Es un pastel pero sin el azúcar que hace tan dulce una conexión de por vida.

Algunos de ustedes, padres e hijas, no han tenido un camino fácil en la relación entre ambos, pero eso no quiere decir que las cosas no puedan mejorar. Este capítulo los iniciará en la dirección correcta.

El padre que colma de objetos

Marcia, una mujer divorciada y madre de dos hijas, me dijo: «Me separé hace un año. Mi ex vive en Florida y tiene un trabajo muy bueno, mientras que las niñas y yo luchamos con un ingreso más limitado. Él toma un vuelo para venir a ver a sus hijas, gasta setecientos dólares en ellas, y se va al día siguiente. Y yo me quedo para limpiar el desastre».

Marcia notó que siempre les tomaba un par de días volver a la normalidad en su hogar. Sus hijas eran boconas y críticas, y sus conversaciones se centraban en lo que querían y no tenían, más que en lo que sí tenían. Obtener cosas de su padre solo incrementaba el deseo de tener más. Se estaban convirtiendo en niñas «Disneylandia y juguetería», y Marcia detestaba eso.

Pero Marcia también me dijo: «Era interesante que las niñas siempre hablaban acerca de lo que hacían juntos: a dónde iban y qué les compraba. Nunca hablaban acerca de su papá, ni parecían relacionarse demasiado con él. Su padre era la persona que las acompañaba y les financiaba todo».

Es tentador querer comprarle cosas a tus hijas, ¿verdad? Es fácil caer en la tentación de brindarles a tus hijas todas las cosas que no pudiste tener de niño. No bases tu relación en las cosas sino en las personas: ustedes dos. Las cosas no perduran. Ya sea que vivas en tu hogar con tu hija o no, lo que tu hija quiere más que nada es a ti, tu tiempo, tu presencia.

> No bases tu relación en las cosas sino en las personas: ustedes dos.

Steve tiene debilidad por su hija única. Su familia es de clase media pero él adora llenar de sorpresas a Jana. Para su octavo cumpleaños pagó para que todas las niñas de su clase la acompañaran a un exclusivo lugar de juegos. Para su decimosegundo cumpleaños envió a

Jana y tres amigas en avión para pasar una semana con su tía en la isla Martha's Vineyard. El cumpleaños siguiente le regaló un anillo de diamantes y luego comenzó a ahorrar para comprarle un Corvette rojo para su decimosexto cumpleaños. Pero analiza con atención cada una de esas experiencias. Steve pagó por ellas pero ¿dónde estaba él? Perdido en acción. Él proveía las experiencias pero no estaba presente. ¿Por qué? Porque estaba trabajando horas extras para pagarlas.

Su esposa Janet, quien aportaba el sentido común a la familia, me dijo: «Al darle a Jana todo lo que quiere, y más, la está convirtiendo en una malcriada. Listo, lo dije. Mi hija es una malcriada. Ya ni siquiera me gusta estar con ella. La semana pasada cuando le dije que no podía tener una cosa que quería, me miró y me dijo: "Le preguntaré a papi. Él me lo conseguirá". Y salió ostentosamente por la puerta. Me dieron ganas de retorcerle el cuello... pero aun más de retorcérselo a él».

Luego de mi charla con Janet, ella decidió tener una conversación de corazón a corazón con su marido. Al comienzo de la charla él estaba muy a la defensiva respecto de su deseo de proveer para la familia, pero ella siguió presionando. Estaba decidida a que las cosas cambiaran en su familia. «Proveer lo básico es una cosa», insistió ella. «Convertirla en una niña "debo tener todo" es otra». Luego agregó lo que yo le había dicho acerca de los padres que colman de cosas a sus hijos y le preguntó: «Steve, ¿le estás dando todas esas cosas para asegurarte de agradarle?».

Aquella pregunta dio en el blanco. Steve agachó su cabeza. Se dio cuenta de que así era. Y también se dio cuenta de que estaba siguiendo el mismo patrón de paternidad de su padre. Steve podía recordar una sola oportunidad en que su padre pasó tiempo con él, cuando pagó un costoso viaje de pesca de dos semanas. Fuera

de aquella única vez su padre siempre estuvo física y emocionalmente ausente.

«¿Qué hizo que ese viaje fuera tan especial?», le preguntó
Janet a Steve. Él comenzó a expresar sus sentimientos y deseos
por sentir el amor de su padre, y a decir que siempre se había
sentido desconectado de él, quien le dio tantas cosas pero nunca
se comprometió de manera personal. Y sin embargo, todo lo que
Steve quería era ser amado, apoyado y comprendido; él quería
sentirse parte de la vida de su padre.

«¿No crees que tal vez eso también sea lo que Jana quiere más
que cualquier otra cosa», dijo Janet, «pero tal vez no sepa cómo
expresarlo con palabras? Todo lo que le das, ¿puede reemplazar
lo que ella realmente necesita: a ti?».

Steve lo entendió. Él y su esposa ahora están unidos con el
mismo deseo de basar su familia en las relaciones mutuas y no en
lo material. El camino no será fácil ya que su hija tiene casi catorce
años. El primer llamado de atención tuvo lugar la semana pasada
cuando Jana presentó un plan extravagante para su próximo cumpleaños con amigos y Steve dijo no... y se mantuvo en su negativa.

Más tarde Jana publicó en Facebook: «Mis padres se han
vuelto locos».

Y todavía ella no ha visto nada. Sin embargo, si Steve y Janet
se apegan al plan que trazaron, pueden revertir la situación de
padre «sobreproveedor» y comenzar a formar una hija agrade-
cida en lugar de una hija pedigüeña.

Un llamado de atención

Crecí en un hogar de clase trabajadora que apenas obtenía
ingresos como para cubrir las necesidades básicas. Los extras

ni siquiera estaban en la categoría de deseos. Cuando me casé y comencé mi propia familia, no quería que le faltara nada, como me faltó a mí de niño. Luego del nacimiento de mi hija comencé a trabajar un turno más largo en la fábrica. Para hacer corta la historia, mi hija ahora tiene siete años y no siempre la veo porque ya se encuentra durmiendo cuando llego de regreso a casa. Un día del mes pasado llegué a la fábrica y me encontré con que estaba cerrada por el día a causa de un problema en la instalación eléctrica. Mientras manejaba de regreso a casa escuché hablar en la radio acerca de los padres que colman de cosas a sus hijos. Lo que dijo me golpeó como una bofetada en la cara. Ese día mi hija solo tenía medio día de escuela, así que la sorprendí a ella y a mi esposa al preguntarles: «¿Qué quisieran hacer hoy?». Lo que quisieron fue algo muy sencillo. Empacamos unos emparedados de mantequilla de maní y jalea, unos pepinillos, papas fritas, galletas de chocolate, una manta de picnic, un disco volador, y fuimos en auto hasta un parque cerca de casa. Pasamos toda la tarde jugando y riendo juntos. Luego nos sentamos sobre la manta y vimos la puesta del sol mientras terminábamos las papas fritas y las galletas.

Cuando volvíamos caminando para subir al auto y regresar a casa mi hija me abrazó. «Papi: este ha sido el mejor día de mi vida, porque lo pasé contigo».

Mi esposa asintió con sus ojos llenos de lágrimas. ¡Qué pena! Odio pensar todo lo que me perdí durante estos siete años. Mi esposa y yo conversamos hasta tarde acerca de lo que realmente es importante en la vida. A la mañana siguiente notifiqué a mi jefe que quería hacer el cambio del turno más largo al turno regular. «Tengo una hija en casa que me necesita», fue la única explicación que le di.

> En menos de un mes volveré a estar trabajando en el turno regular. Desde ahora, tal vez comamos muchos más emparedados de mantequilla de maní y jalea, y nuestras «vacaciones» tal vez sean en el parque en lugar de algún viaje en avión, pero mi esposa, mi hija y yo somos un equipo. Donde uno va, vamos todos. Y me encanta que así sea.
>
> —Roger, Illinois

Lo que no le das a tu hija... y lo que sí le das

Algunos de ustedes que están leyendo este libro tienen ingresos limitados. En lugar de estar pensando en lo que les falta y no pueden darles a sus hijos, concéntrense en lo que *pueden* darles. Al regresar a mi casa luego de haber realizado un viaje de negocios, no encontrarás mi maleta llena de obsequios para mis hijos. No quise que el enfoque de mi regreso estuviese puesto en baratijas, sino en la alegría de renovar nuestra relación personal. Así que, ¿por qué querría darles un juguete con el que quisieran salir corriendo a jugar inmediatamente cuando lo que más quiero es tiempo con ellos?

¿Eso significa que *nunca* les llevo nada? No, ocasionalmente encuentro algo en el camino que se ajusta bien a uno de mis niños y lo compro. Como aquella vez que le compré a Krissy una simpática lámpara pequeña. Ella estaba necesitando una, y esa era justo del estilo que a ella le gustaría. Pero ese obsequio estaba basado en una relación y no en culpa u obligación. Mi regla es que si le traigo un regalo a un hijo no siento que tengo que traerle uno a cada hijo. Si lo hiciera, con cinco hijos en la casa y tantos viajes laborales, estaría en bancarrota. La vida no siempre es justa y mientras más rápido aprendan eso tus hijos, mejor es.

Por ejemplo, en esa oportunidad en que traje a casa la lámpara para Krissy y nada para Holly, ella dijo: «¡Pero eso no es justo!».

«¿Realmente quieres que te trate como trato a tu hermanita?».

«Sí», sollozó.

«Está bien. Tu horario de acostarse ahora es 8:30 en lugar de 9:00, y te comenzaré a dar dos dólares en lugar de tres».

Los sollozos terminaron. «¿Qué?».

«Dijiste que querías ser tratada igual».

«¡Pero eso no es justo!».

«Eh, no quise decir eso».

Quería que Holly comprendiera que de tanto en tanto podría encontrar algo que fuera perfecto para una de mis hijas, pero que eso no me obligaba a tener que traer un obsequio sin sentido para todos los demás, por el simple hecho de tener que ser «equitativo». Cada hija merece su día especial y debe ser favorecida de tanto en tanto. Eso es lo que la hace sentirse especial.

Traté de tener eso en mente mientras mis hijas crecían, aun en las pequeñas decisiones que tomaba.

Cada sábado Holly y yo leíamos juntos el periódico y conversábamos acerca de las noticias. Teníamos nuestra propia rutina: yo lo primero que hacía era pasarle las secciones «Vida» y «Querida Abby», y ella sabía que yo tenía que leer primero el suplemento deportivo. Esta tradición devino parte de nuestra relación especial.

Los viernes siempre les traía a los niños una sorpresa de la panadería. Hubiera sido más fácil decirle al panadero: «Deme media docena de donas surtidas», pero un pedido así no sería para nada significativo para mis hijos. En lugar de eso yo escogía las donas que sabía que más les gustaba a cada uno.

Holly y Kevin siempre querían pastelillos de chocolate. También Hannah, la mayoría de las veces, pero cada tanto le gustaba combinarlos con una dona. Lauren prefería la dona glaseada. Lamería el glaseado y tiraría el resto. A Krissy le gustaban unos pequeños y refinados pasteles de mazapán.

Cada viernes, con este sencillo acto de elegir un pedido personalizado en la panadería, reforzaba el siguiente mensaje para mis hijos: «Hay cinco de ustedes, pero los conozco muy bien a cada uno. Nunca olvido que son individuos. Ustedes me importan». ¿Crees que mis hijas captaron el mensaje? Si te queda alguna duda echa un vistazo a las páginas 240-242. Ten en cuenta que ahora mis hijas tienen entre veintiuno y cuarenta y dos años.

Hacer que cada hija se sienta especial y amada de manera única es uno de los mejores obsequios que un padre puede darle.

Lo que está esperando tu hija... de ti

Ser un buen padre no se trata de jugar a ser Papá Noel, sino de construir una relación padre-hija. Papá, cuando le compras cosas a tu hija en lugar de dedicarle tiempo personal, tal vez pienses que la estás manteniendo cerca de ti, de tu lado, pero en realidad es todo lo contrario. Tirarle un hueso (un obsequio) puede hacerte sentir como que te ocupas de ella, pero todo lo que en realidad estás haciendo es alejarla de ti. Cuando le pregunté sobre su padre a Morie, una pequeña de doce años, ella se encogió de hombros y dijo: «No lo veo mucho. Pero me saca a pasear a lugares buenísimos el día de mi cumpleaños, hacemos algo interesante en las vacaciones de primavera, y luego tal vez tenemos un par de hermosas vacaciones en el verano». Y esto es lo peor: cada noche ese padre vuelve a su casa con su esposa e hija... pero solo se ocupa de sus propios asuntos. Vive en casa y provee para su familia mediante su trabajo pero no se conecta con ellas de corazón.

Piénsalo de este modo. Cada día tu hija te está haciendo esta pregunta, ya sea de modo audible o no: «¿Qué tan importante soy para ti?».

Como la mañana en que Krissy y yo estábamos desayunando juntos y un hombre se me acercó y me pidió que fuera el orador en un retiro de hombres que tendría lugar el día dieciséis de mayo. En el instante en que la fecha salió de la boca del hombre Krissy me pateó con fuerza debajo de la mesa. No quería ser descortés e interrumpir al hombre, así que lo dejé hablar... y recibí otra fuerte patada de Krissy.

> Ser un buen padre no se trata de jugar a ser Papá Noel, sino de construir una relación padre-hija.

Finalmente, recibiendo una mirada amenazante de mi hija y con otra patada a punto de ser recibida, le dije al hombre: «Es muy amable de su parte pensar en mí, pero tengo un compromiso importante el dieciséis de mayo. Ese día es el cumpleaños de mi hija».

Hubo un gran suspiro del otro lado de la mesa. Krissy estaba esperando que pronunciara las palabras que probaban que ella era una prioridad en mi vida.

Padre: si tu hija no siente que es importante en tu vida, el precio a pagar puede ser muy alto (enfermedades de transmisión sexual, embarazo extramatrimonial, y otras tantas consecuencias). Si tu hija carece de tu afecto será como masilla en las manos de aquellos que quieran usarla y abusar de ella.

¿Qué está esperando de ti tu hija? Si hoy le preguntaras, ¿qué la haría sentir más preciada? Te apuesto lo que quieras que pasar tiempo contigo está en el primer lugar de ese pedido.

Cyndee quería ir a pescar.

Amanda quería explorar una cueva.

Joy quería recostarse sobre el techo de su casa y mirar las estrellas.

¿Pero cuál era el común denominador en todos estos pedidos de las niñas?

Querían hacer esas cosas con su querido papá.

El padre que va y viene

Me encantan las cadenas de hamburguesas en las que entras y al instante sales con tu pedido listo. Mi actual estado físico es en parte resultado de ellas. No hay nada más sabroso que una de esas hamburguesas y un montón de papas fritas. Cada tanto me siento culpable e intento comenzar a hacer la dieta sin hidratos de carbono. Pero luego vuelvo al ruedo y esas hamburguesas me atormentan nuevamente.

Las cadenas de hamburguesas en las que entras y sales rápidamente son fabulosas. Pero ¿padres que entran y salen? Son tóxicos para una hija.

Un padre divorciado me dijo en una ocasión: «El próximo fin de semana tengo que ir a ver a mi hija y llevarla a esta excursión en canoas de niñas exploradoras porque mi ex no lo hace».

Nota las palabras que usó este padre: «Tengo que ir». No dijo: «No puedo esperar a pasar el fin de semana con mi hija. Vamos juntos a una excursión en canoas con las niñas exploradoras». Se refiere a su relación con su hija como un «tengo» y no como un «quiero». ¿Crees que su hija ha notado esa actitud? Francamente, ¿cómo podría no hacerlo?

Hay muchos nombres para el tipo de padres que entran y salen de las vidas de sus hijas: padres «atropella y huye», padres «entrega obsequios y se marcha», padres «tengo muchas cosas que hacer», padres «tengo otra familia». Pero todo se reduce a lo mismo: son padres que van y vienen de las vidas de sus hijas cuando les da la gana. Después de todo, la vida es atareada; tienen un negocio que atender y sus vidas sociales que mantener.

Estos padres pueden ser solteros o vueltos a casar, pueden vivir en la misma localidad, o lejos. El punto es que podrían tener como prioridad a sus hijas pero han elegido relacionarse con ellas solo cuando les conviene. Sus hijas tienen un lugar secundario en sus pensamientos, algo para incorporar al cronograma si alcanza el tiempo. Y si ese papá tiene una segunda familia, raramente hay tiempo, sin mencionar que recibirá unos cuantos reproches de su esposa actual si pasa demasiado tiempo con su primera familia.

> Sus hijas tienen un lugar secundario en sus pensamientos, algo para incorporar al cronograma si alcanza el tiempo.

Aun más tóxico es el padre que aparece cada tres años, porque «se supone» que debe ver a su hija, gasta algo de dinero en ella (probablemente por culpa), y luego se va. Mientras tanto todo lo que ese padre representa para su hija es un sobre que le llega a su madre por correo, con el pago de manutención ordenado por la justicia. Esos son los que yo denomino padres fracasados, vagos y abusadores. Pero supongo que ninguno de ustedes, padres que están leyendo este libro, están en esa categoría, ya que los padres fracasados, vagos y abusadores no se preocuparían lo suficiente por sus relaciones con sus hijas como para tomarse el tiempo de leer un libro titulado *Sé el papá que ella necesita que seas*. Si eres una hija o una mamá leyendo este libro, lo más pronto que «pierdas» a ese padre, mejor estarás. La experiencia que tengo en consejería me indica que las madres e hijas están mucho mejor sin esa influencia masculina tóxica.

No hay forma de que una hija pueda sentirse cercana a ese tipo de padre, ni tampoco debería, a menos que él quiera cambiar por completo y convertirse en un padre involucrado. Muchas niñas en esa situación terminan creando una especie de padre de fantasía, el tipo de padre cercano que anhelan: un papá que las sostiene emocionalmente, que tiene interés genuino en los intereses de su hija.

Los padres que van y vienen son material tóxico para una niña que está aprendiendo el modo de relacionarse con el género opuesto. Tal falta de interés de su padre le demuestra a su hija que no es valiosa, que no vale la pena pasar tiempo con ella, y que ningún hombre es confiable. Esos mensajes la llevarán a todo tipo de elecciones relacionales pobres con los hombres.

Papá: lo que ella más ansía es tu atención. Si dices que amas a tu hija, ¿por qué no querrías pasar tiempo con ella y estar involucrado en su vida? Si entrar y salir de la vida de tu hija ha sido tu patrón de conducta, ¿cómo puedes cambiarlo?

Tu hija siempre te necesita sin importar la edad que tenga (desde la primera infancia hasta la adolescencia). Necesita vincularse contigo. Necesita saber que tú eres como un lugar seguro para aterrizar, y que siempre estarás presente para ella. Si ella no te ve todo el tiempo o con cierta regularidad, no hará un vínculo contigo. Los niños pequeños, en particular, tienen memorias muy agudas.

Observa tu cronograma detenidamente

Considera los eventos de tu hija como prioridades principales fuera de tu día laboral regular, no como última prioridad, si sobra tiempo. Si vives en la misma localidad que tu hija, cuando ella tenga un evento hazte presente. Si vives lejos llámala o escríbele un mensaje justo antes del acontecimiento; haz lo mismo después del evento.

Busca actividades que le interesan a tu hija

Deja de enfocarte en darle obsequios y reemplázalos por actividades que puedan hacer juntos. Si esto no cambia, nada en tu relación lo hará. Deben pasar tiempo juntos para restablecer su conexión. Encuentra modos de participar con ella en esas actividades que disfruta. Si le gusta escalar, busca un muro de escalada cerca de donde viven y trata de ir con ella. Si le gustan los conciertos llévala a uno, aun si no es el tipo de música que a ti más te agrada. Si le gusta aprender pintura sobre cerámica, no te enfermarás si alguna vez la acompañas al curso y pintas algo con ella. Apuesto a que le va a encantar exhibir orgullosa en su cuarto lo que pintaste con ella. Y lo que es más importante, será un recordatorio del hecho: *Papi me ama*.

Demuéstrale que piensas en ella a lo largo del día

Envíale pequeños mensajitos. Hazle bromas, de esas que solo ustedes dos entenderán. Busca fotos y videos graciosos y envíale los enlaces de descarga para que le alegren el día.

Haz citas regulares

Si vives en la misma ciudad que ella, cambia la rutina cotidiana haciendo una noche especial de «padre e hija» al menos una vez a la semana. Si vives un poco más lejos haz viajes frecuentes para ver a tu hija, y usa Skype o FaceTime para hablar cara a cara con regularidad.

Pídele su opinión acerca de las cosas que te pasan

Tu hija necesita saber que valoras su opinión. Si a ella esto le queda claro, también estará más predispuesta a compartir contigo sus propias incógnitas o situaciones que enfrenta. Pero hay una diferencia enorme entre hacer una pregunta y pedir una opinión. A los niños no les gustan las preguntas. Ante ellas inmediatamente levantan barreras. Pero si en cambio le dices: «Eres muy buena resolviendo problemas y me gustaría que me dieras un consejo sobre algo», demuestra que valoras la opinión de tu hija. Ella recibirá con agrado ese tipo de interacción y luego se sentirá confiada respecto de su rol necesario en tu familia.

Haz lo que prometes

Felicia recuerda muy bien cuando su padre le dijo que él y su madre se estaban divorciando. Ella tenía cinco años. Él le prometió que aunque no estaría viviendo más con ellas la llamaría tres veces a la semana y la buscaría para quedarse con él los fines de semana. Esa promesa duró tan solo una semana, la primera que estuvo fuera de la casa. Nunca más cumplió buscándola los fines de semana.

Sondra recuerda que su padre siempre le prometía llevarla de compras «mañana», pero mañana nunca llegaba. La mayor parte del tiempo estaba demasiado borracho como para recordar, y cuando recordaba decidía que otras cosas eran más importantes que cumplir lo prometido a su hija.

Si fueras una de estas niñas ¿cómo te sentirías? ¿Furiosa? ¿Traicionada? ¿Enojada con los hombres en general? ¿Quién puede culparlas? La persona más importante en sus vidas, aquella en la que pensaban que podían confiar, les mintió y las decepcionó. ¿Queda alguna duda de que estas niñas se convierten en mujeres con problemas de confianza y usualmente sienten mucha ira hacia los hombres en general? También se sienten inseguras en sus relaciones con el género opuesto, ya que creyeron lo que sus padres les dijeron... hasta que no cumplieron sus promesas. Muchas mujeres pasan años alimentando en su interior sus sentimientos de pérdida, traición y abandono. No saben por qué continúan tras hombres que son malos para ellas. No pueden separar el amor de la lujuria. Encuentran excusas para los hombres que las lastiman y se culpan a sí mismas. ¿Qué dice en realidad la pequeña dentro de ellas? *Si hubiese sido una mejor persona, y hubiera hecho esto o aquello, mi papá me hubiese amado y hubiera querido pasar tiempo conmigo. Nunca nos hubiese abandonado a mi madre y a mí.*

Padres imperfectos producen hijas imperfectas que pagan por los errores de sus padres con más errores propios.

Los papás que son confiables, nunca mienten, se puede contar con ellos, y siguen adelante con sus promesas, producen hijas confiables, saludables y equilibradas que encuentran hombres confiables que no mienten, con los que se puede contar, y que cumplen sus promesas. Si en tu familia hay dolor y quebrantamiento a causa del divorcio, la separación o la decepción, ahora es el momento de cambiar ese patrón, antes de que afecte a la próxima generación de tu familia.

El primer paso es decidirte a cambiar tú mismo.

El segundo paso es cambiar tú mismo.

Puedes hacerlo si eliges hacerlo.

Si quieres que tu hija confíe en ti...

... conviértete en alguien en quien tu hija pueda confiar.

Especialmente para padres divorciados

Si te has divorciado y dejaste el hogar, llevar a tu hija a Disneylandia para mitigar tu culpa o convertirte en un «papá obsequio», no hace nada para construir su confianza o tu conexión padre-hija. Sin importar el sesgo positivo que pongas, ya has traicionado su confianza al divorciarte de su madre y decidiendo que querías una vida en otro lugar, lejos de tu familia. O tal vez tu esposa se divorció de ti. Ahora, para vengarte de tu ex y para comprar el amor de tu hija, les brindas días llenos de entusiasmo y gastas un montón de dinero cuando los niños están contigo. ¿Cómo puede competir con eso tu ex? Por lo general las mujeres hacen menos que los hombres, aun si trabajan jornada completa. Es una receta para el desastre relacional, con la hija inteligente aprendiendo el modo de enfrentar a mamá y papá para obtener lo que quiere.

Seré honesto. Tu ex y tú se divorciaron por alguna razón, la cual incluye no poder llevarse bien. Pero divorciarse entre ustedes no significa que ya no son mamá y papá de su hija. Por el bien de esa hija depongan las armas unos minutos y pónganse de acuerdo sobre lo que es mejor para ella. Tracen un plan de acción que funcione para todos ustedes. Eso incluye reglas básicas que son parte de la vida diaria, como horario de dormir, comida, y hábitos de citas, de modo que tu hija no sea tironeada entre dos universos completamente diferentes cada vez que cambia de casa, según lo estipule el decreto de divorcio. Luego acuerden que ninguno de los dos interrogará a su hija acerca de lo que hace cuando está en la «otra casa». Como las mujeres son relacionales, tu ex siempre querrá preguntarle a tu hija cuando regrese de tu casa: «¿Qué tan tarde estuvieron fuera? ¿Dónde comieron? Te ves muy cansada, ¿segura que estás bien?». Estas sesiones de interrogatorio plantarán en tu hija semillas de duda y desconfianza acerca del modo en que la estás tratando. Pero si se adhieren a este acuerdo, tanto tú como tu hija estarán asegurados en el amor que se tienen, y ella estará cuidada de manera segura cuando esté contigo.

> Acuerden que
> ninguno de los
> dos interrogará
> a su hija acerca
> de lo que hace
> cuando está en la
> «otra casa».

Hay dos cosas que debes hacer por tu hija:

1. *Estar presente para ella física y emocionalmente.* No importa lo que cueste, haz de su bienestar una prioridad. Si no lo has hecho hasta ahora, si en lugar de eso te estuviste centrando en tu propio bienestar, necesitas ganarte su confianza una vez más. Eso significa hacer planes para pasar tiempo con ella y apoyarla en las pequeñas cosas, y luego cumplir con lo que dices que harás.

2. *Recorrer la milla extra para apoyar a tu ex.* Tu ex será tu ex, pero hace mucho tiempo, ella y tu hija conformaban tu familia. Los hombres de verdad se ocupan de sus familias, incluso si la situación dista de ser ideal. Sí, tu ex puede ser todo un personaje, pero sigue siendo la madre de tu hija. Nunca hables mal de ella. De hecho, deberías estar haciendo todo lo que puedas para ayudarla. Pon por escrito que continuarás pagando la educación privada de tu hija y la pensión conyugal, por lo menos hasta que tu hija termine la escuela secundaria, para que tu ex pueda enfocarse en lo que más se necesita durante los años que quedan con su hija en casa: estar allí con ella. Comienza a separar dinero para ayudar a tu hija con la universidad, si ella tiene la intención de estudiar allí.

Demasiados hombres dejan a sus familias y comienzan vidas nuevas, dejando a sus familias en el olvido, como si nunca hubieran existido. Si has hecho eso con tu hija es tiempo de enmendar las cosas. No solo tienes que pedirles perdón a ella y a tu ex, también debes dejar en claro que ya no te comportarás más de esa manera, y de ahora en adelante cumplirás con tu palabra. Si lo arruinas no podrás restablecer una relación de confianza con tu hija.

Cómo hablar con tu niña

- No des respuestas preparadas... ni tengas todas las respuestas.
- No le hables en el modo «deberías». («Deberías» hacer esto o aquello.)
- Esfuérzate por hablar con delicadeza y tus palabras tendrán un mejor impacto.
- Intenta decir algo como: «Suena interesante. Cuéntame más».
- Cumple lo que dices que harás.

Algunos de ustedes están poniendo cara de fastidio en este momento. *De ninguna manera mi ex aceptará una disculpa de mi parte... ni ahora ni nunca.* Pero para restablecer tu conexión padre-hija, todavía necesitas hacer tu parte tanto con la madre como con la hija. Tu parte es disculparte genuinamente por lo que hiciste mal y pedir perdón. Si la otra parte te perdona o no, es asunto de ella. No puedes controlar las reacciones de los demás; solo puedes controlar tus acciones. Para que cambie la relación con tu hija, tienes que hacer bien todo lo que está a tu alcance.

¿Es posible que cambien las cosas? ¡Sí! Jason y su hija Kyra, quien ahora tiene catorce años, son una prueba viviente. Jason tuvo una aventura, se divorció de su esposa y se fue para comenzar una vida nueva con su novia que estaba embarazada. Seis meses después se casó con Megan, y nació su bebé.

Kyra tenía nueve años cuando nació su media hermana. «Todo lo que puedo recordar es a mi mamá llorando cada noche después de que mi papá desapareció», dice. «No entendí realmente lo que sucedió sino hasta mucho después».

Jason desapareció por casi cuatro años de la vida de Kyra, y el enojo de Kyra fue creciendo. «Le decía a las personas que odiaba a mi padre. Pero todo lo que en realidad deseaba, muy profundamente, era que él volviera a mi vida y me abrazara otra vez».

Un año después Jason tuvo una experiencia que solo puede describirse como un «cambio absoluto». Conoció a Dios de modo personal. El año pasado les pidió perdón a Kyra y a su madre, pagó un techo nuevo para su casa, y las invitó a un picnic en su hogar. «La primera vez que fui allí fue muy extraño», admite Kyra, «y puedo asegurar que mi mamá no quería ir. Pero lo hizo por mí, y porque papá vino y nos dijo lo apenado que estaba de haber tomado un camino tan errado. Creo que ella estaba tan impactada que ni siquiera puso excusas. Aceptó ir a su casa».

> Jason desapareció por casi cuatro años de la vida de Kyra.

Cuando Kyra conoció a su hermana de casi cuatro años, se enamoró de la sonrisa gigante de Natalie. Megan, la segunda esposa de Jason, había conocido a Dios unos meses después que él, y recibió cálidamente a Kyra y a su madre. Ahora Kyra pasa los fines de semana con su papá, hermana y Megan, y los días de semana con su mamá. Megan sorprendió a Kyra al sugerir que transformaran su sala de estar en una habitación para ella. Juntas escogieron la pintura y las decoraciones y trabajaron en el cuarto cada fin de semana. «Eso me dio la oportunidad de conocer a Megan como persona, en lugar de conocerla como la malvada "ya sabes qué" que nos robó a mi padre a mi madre y a mí. Ella también me dijo que estaba apenada por lo que había pasado, y luego me contó cómo ella y mi papá habían cambiado y querían hacer las cosas de un modo diferente a partir de ahora».

La mamá de Kyra ha rechazado en más de una oportunidad el volver a la casa de su ex. «Pero puedo asegurar que siente alivio de que mi papá haya vuelto a mi vida, y no se siente tan sola cuando necesita ayuda con cosas mayores, como reemplazar el techo de la casa», dice Kyra. «Papá incluso apareció cuando le conté que nuestro inodoro estaba perdiendo y lo reparó mientras mamá estaba en el trabajo».

Esa familia experimentó un milagro. Sí, con Dios todo es posible. Pero también se necesitó la determinación de un ser humano. Jason tuvo que reconocer el mal que hizo y pedir perdón. Sin ese primer paso fundamental, el papá de Kyra no estaría nuevamente en su vida en este momento.

¿Qué se necesitaría para que restablezcas una conexión positiva padre-hija? ¿Por qué no dar hoy el primer paso?

Solo para hijas

Si lees el título de este libro, *Sé el papá que ella necesita que seas*, y dices: «Bueno, desearía que mi papá fuese así», tú no estás sola.

Como dijo Jessica: «Nunca veo a mi padre biológico. Él se fue de nuestras vidas cuando tenía once años. Ahora el padrastro con el que he vivido durante cuatro años es quien me busca de las prácticas de porrista».

«Desearía que mi papá fuese mi "mejor candidato", como el que usted menciona», compartió Donna. «En lugar de eso él siempre estaba en la casa, pero como un mueble, nunca realmente estaba disponible».

«Viví teniéndole miedo a mi padre», admitió Marian. «Era un anciano de la iglesia los domingos, y el resto de la semana golpeaba a mi madre y a veces a mí. Pero aun así nos hacía ir a la iglesia con él y allí actuaba correctamente. Una vez que mi madre tenía un ojo morado, la hizo quedarse en casa y me dijo que tenía que decirles a las personas que ella estaba enferma con gripe. Amenazó con golpearme si le decía a alguien la verdad. Así que me resulta difícil siquiera entender el concepto de "papá solícito". No conocía tal cosa en mi mundo».

«Mi mamá manejaba nuestra casa», dijo Wendy. «Mi papá era un verdadero pelele. Traía dinero a casa gracias a su negocio de computación, pero no hacía nada más. Siempre quise que fuera el tipo de hombre con el que podía contar para defenderme del bravucón del vecindario cuando me emboscaba al regresar del colegio a casa, pero sabía que yo tenía que manejar esa situación sola. Mi padre no era alguien con quien podía contar para que fuera mi protector».

Algunas de ustedes crecieron no solo con padres emocional o físicamente distantes, sino con padres abusivos. Sufrieron las marcas del abuso físico, y los golpes verbales y psicológicos las siguen persiguiendo hasta el día de hoy.

Si eres una sobreviviente de abusos tal vez estés pensando: *No soy lo suficientemente buena. Nunca lo seré.* Tal patrón de pensamiento se convirtió en tu mantra de vida porque la persona que más necesitabas que te amara, te apoyara y te protegiera (tu padre), no proveyó para esas necesidades básicas en tu vida. Como resultado algunas de ustedes han cumplido sus propias profecías «no soy lo suficientemente buena» al salir o casarse con hombres que son tan abusivos con ustedes como lo fueron sus padres con ustedes y con sus madres.

Pero quiero ser claro. No fuiste puesta en esta tierra para ser el poste de azotes de nadie, ya sea con palabras o látigos. Necesitas alejarte inmediatamente de cualquier hombre

abusivo en tu vida. No sigas la estrategia «espera y verás».
Todo lo contrario: ¡huye!

Extendiendo gracia y perdón

Conozco a una mujer que está en su cuarta década. Su padre
va por la séptima. Stephanie y su papá siempre tuvieron una
relación áspera. Cuando su papá celebró su cumpleaños
setenta y cinco, algo sucedió. Él se fue suavizando, ponién-
dose menos terco, aunque sigue siendo difícil estar cerca de
él. Pero el mayor cambio se ha dado en su hija.

Cuando Stephanie cumplió cuarenta hizo algo de intros-
pección y se dio cuenta de que había luchado mucho en su
vida a causa de la impronta negativa de su padre. Recordó
su infancia, cuando tenía a su papá en un pedestal, al menos
por un tiempo. Pero como él no era por naturaleza la presencia cálida y reconfortante que veía en el padre de su mejor
amiga, Stephanie nunca se sintió amada. Al adentrarse en sus
años de adultez se cerró a la relación con su padre. Por años
solo conversaban amablemente sobre temas superficiales, sin
indagar en profundidad. En su cumpleaños ella comprendió
que su padre había tratado de amarla del único modo que
conocía: asegurándose de que el pago de la hipoteca estuviese al día y de que ella tuviera un abrigo cálido y botas sin
agujeros durante el invierno. Su lenguaje de amor era ser un
buen proveedor. ¿Le proveía el apoyo emocional que ella necesitaba? Estaba muy lejos de eso. Pero, a su modo, lo intentaba
más de lo que ella nunca comprendió.

En ese momento decidió acercarse a su padre de manera
diferente. Con trabajo duro, determinación y mucho esfuerzo,

comenzó a conocer a su padre nuevamente. Cuando fue más tolerante con las imperfecciones de él, vio destellos de cosas que apreciaba y las vinculó con recuerdos positivos de su infancia. Ahora tienen una relación muy diferente a la de hace unos pocos años atrás. ¿Es perfecta? No, pero ambos están trabajando en ella.

Ante un padre imperfecto puedes agrandar las pequeñeces y volverte loca, o puedes aceptarlo como la persona muy imperfecta que es y decidir seguir adelante. Un padre que no ama a su hija no va a trabajar a una mina de carbón o una fábrica cada día. Él tenía una razón para hacerlo... y la razón eran tú y tu madre.

Si tuviste un padre abusivo debes perdonarlo, incluso si no puedes encontrarte con él en un lugar seguro y extenderle ese perdón. El modo en que él responda a tu actitud no es algo que puedas controlar. Decir «te perdono» (ya sea en persona, por carta o correo electrónico, o por teléfono) te libera de los confines de tu relación pasada que de otra manera continuará controlando tu vida, tus pensamientos y tus relaciones. Cuando lo hagas sentirás la liberación de tantos años de heridas. Mereces sobreponerte a los conflictos en tus relaciones. No permitas que tu pasado sea una carga pesada.

¿Perdonar significa que en situaciones de abuso ustedes se reconectarán como padre e hija? Es poco probable, y en muchas situaciones no sería seguro o saludable para ti hacerlo, especialmente si los patrones de abuso permanecen en tu padre y su vida no dio un giro de ciento ochenta grados. Nunca dejes que te conviertan en su saco de boxeo físico o psicológico, por ninguna razón.

Todo se trata de la relación

La semana pasada hablé con un papá que estaba teniendo dificultades con su hija adolescente.

«Ella sabe muy bien que nuestra regla es que no puede tener citas hasta los dieciséis años, y ahora solo tiene catorce», me dijo. «Pero descubrí que se ha estado viendo a escondidas con este muchacho que conoció por Internet. Para cortar de raíz la relación le quité todo lo que pensé que significaba algo para ella: su iPhone, su iPod y su computadora, pero nada funciona. Ella actúa como si no le importara. ¿Qué puedo hacer?».

«Primero», le dije, «nada de lo que le quites significará algo. Son solo cosas. Lo que te estás perdiendo es una relación. Como dice mi amigo Josh McDowell: "Reglas sin relación llevan a rebelión". A tu hija no le importará lo que piensas hasta que tenga una relación contigo. Ahí es donde necesitas comenzar».

Papá: ¿realmente tienes una conexión profunda con tu hija? ¿O tu relación está definida por tu provisión de objetos o tu entrada y salida a su vida según tu conveniencia o cuando no estás muy ocupado trabajando?

¿Cómo puedes comenzar a enfocarte hacia una relación? Aceptando primero tu papel en la desconexión. Comienzas acercándote a ella y diciendo las dos palabras más difíciles de pronunciar para nosotros los hombres: «Lo lamento». Los hombres duros tenemos miedo de que al hacer eso mostremos debilidad. En realidad es todo lo contrario. Demuestra nuestra fortaleza. Solo las personas débiles tienen temor de estar equivocadas. Las personas fuertes aprenden a través de los fracasos y cometiendo errores. Para restablecer tu relación (la clase de conexión que soñaste cuando sostuviste a tu pequeña hija en tus brazos por primera vez) necesitas mostrar tu voluntad de entrar en el mundo de tu hija y mostrar compasión (otra cosa difícil para los hombres).

Tu hija y tú quizás vivan en casas diferentes pero aun así puedes establecer esa conexión profunda si estas decidido a trabajar en ello. Es exactamente eso: una elección. Lo repito: a tu hija no le importará hasta que te importe a ti. Existen cosas como los correos electrónicos, mensajes de texto, Skype, llamadas telefónicas, paquetes, cartas y visitas. Créeme si te digo que para una mujer una nota escrita a mano, sencilla pero sincera, logra muchos mejores resultados en tu esfuerzo de conexión que una llamada por Skype o FaceTime.

> A tu hija no le importará hasta que te importe a ti.

Si tu patrón ha sido ser el «papá que colma de objetos» (le das cosas cuando te sientes culpable, o para reemplazar lo que falta en tu relación), deja de enviar y dar obsequios. Esos regalos solo alienarán más a tu hija y la acostumbrarán a recibir solo cosas materiales. En lugar de eso dedica esfuerzo en la relación. Envíale pequeños mensajes de texto. Rompe tu rutina diaria para pasar tiempo juntos, ya sea que eso implique un viaje en auto o en avión. Concéntrate en hacer juntos cosas que ella disfrute. Ríanse juntos. Recuerden viejas épocas en las cuales las cosas eran más fáciles.

Si tu patrón ha sido «el padre que va y viene», tienes que tomar una decisión. O vas o vienes, estás dentro o fuera. Tironear a tu hija de un lado a otro entre las dos opciones hace un daño inmensurable a su relación con cualquier hombre en el futuro. Si todavía estás leyendo este libro hay una buena probabilidad de que quieras estar «dentro»; probablemente solo no sabes cómo hacerlo. Involucrarte en la vida de tu hija comienza con un paso a la vez. Significa, sin embargo, ponerla en primer lugar. Si eres divorciado, significa que ella debe ser una prioridad principal en tu nueva vida y tus relaciones nuevas. Si en verdad quieres tener una relación con ella debes dar pruebas de ello; de que la amas, de que es valiosa para ti, de que eres confiable y serás constante en su vida. Todas esas cosas llevan tiempo, constancia y paciencia, pero puedes hacerlo. De hecho, por el bien de tu hija y por el bien de su relación con cualquiera de género masculino, debes hacerlo.

Asuntos inconclusos

Para padres e hijas imperfectos, la vida no es fácil. Pero la humildad, la compasión y el perdón ayudarán para revertir tu relación y lograr orientarla en la dirección correcta. Y el momento de hacer eso es ahora. Hace años leí una historia en le revista *Guideposts* que aún me desgarra, a pesar de haberla leído una docena de veces desde entonces.[1]

Sue, una enfermera colegiada, estaba cuidando a un hombre muy enfermo llamado Sr. Williams. Él le pidió que llamara a su hija.

«Por supuesto», dijo Sue, pero eso no era suficiente para el señor Williams.

«¿Puedes llamarla de inmediato, tan pronto como puedas?», le rogó.

«La llamaré en este momento», aseguró Sue.

Justo antes de que dejara la habitación, el señor Williams le pide a Sue un lápiz y un papel, y ella le entrega ambos. Luego sale para llamar a la hija.

Tan pronto como marca el número que le había dado y pronuncia «ataque cardíaco», escucha un grito fuerte del otro lado de la línea: «¡No! No está muriendo, ¿verdad?».

«Su condición es estable», reportó Sue.

«No debes dejarlo morir», rogó Janie, la hija. «Mi padre y yo no hemos hablado en casi un año». Y luego le explicó que se habían peleado a raíz de un novio y que la discusión terminó con Janie huyendo de la casa. Muchas veces ella había pensado en llamarlo y pedirle perdón pero nunca encontró el momento adecuado. «Lo último que le dije fue "te odio"», dijo entre sollozos. «Ya voy para allá. ¡Ahora! Estaré allí en treinta minutos».

> «No debes dejarlo morir», rogó Janie, la hija. «Mi padre y yo no hemos hablado en casi un año».

Sue colgó el teléfono y luego entró a la habitación del señor Williams. Él yacía espantosamente inmóvil, y Sue intentaba pero no lograba encontrarle el pulso. Había sufrido un paro cardíaco. De inmediato puso la alarma: «Código 99. Habitación 712. Código 99. ¡Inmediatamente!» y comenzó a practicarle RCP. Mientras lo hacía oraba: *Señor, su hija está viniendo. No permitas que termine de esta manera.*

El equipo médico de emergencia entró a toda prisa con su equipamiento. Un doctor insertó un tubo por la boca del señor Williams. Las enfermeras aplicaron jeringas en la vía intravenosa. Sue conectó un monitor cardíaco pero no pudo detectar ni un latido.

El médico a cargo gritó «Aléjense», y tomó las paletas de Sue, para aplicarle electroshock al corazón del señor Williams, para lograr resucitarlo.

Un intento. Dos intentos. Tres intentos.

Nada.

Finalmente los doctores y las enfermeras se miraron como sabiendo. El médico a cargo hizo una sacudida lateral con su cabeza. Una enfermera desconectó el oxígeno.

El señor Williams estaba muerto.

Cuando Sue salió de la habitación vio a una jovencita con ojos tristes desplomada contra la pared. Un doctor ya le había dado la noticia. Sue acompañó a Janie hasta una habitación tranquila.

«Nunca lo odié», gimió Janie. «Lo amaba».

Luego pidió ver a su papá así que Sue la acompañó a la cama del señor Williams. Janie escondió su rostro entre las sábanas de su padre muerto.

Sue hizo un movimiento hacia atrás y sin querer su mano tocó el pedazo de papel que le había entregado al paciente unos momentos antes. Un garabato de hombre decía:

Mi queridísima Janie,

Te perdono. Y oro para que tú también me perdones. Sé que me amas. Te amo también.

Papi

La nota temblaba en las manos de Sue mientras se la extendía a Janie. Ella la leyó una vez, luego dos veces. Su cara atormentada devino radiante. Sus ojos relucían de paz. Ella abrazó el pedazo de papel.

El último acto de su padre fue darle a su hija un regalo que no tiene precio: reconciliación. De cara a la muerte, tanto padre como hija estaban dispuestos a perdonar. Cuando ambos se dieron cuenta de que el tiempo en esta tierra no es infinito, estuvieron desesperados por hacer las cosas bien.

> El último acto de su padre fue darle a su hija un regalo que no tiene precio: reconciliación.

No esperes. Tal vez no pienses que una nueva relación sea posible (al menos no la relación por la que esperas), pero ¿por qué al menos no exploras cada alternativa posible? La vida es corta.

Algún día esa hija tuya (o, si eres una mujer leyendo este libro, ese padre tuyo) que ha sido una espina en tu vida, va a morir. Por supuesto, es estadísticamente más probable que tú, el padre, mueras primero. Ya que sabes que ese día llegará, pregúntate: *¿Hay algo que necesite decirle a mi hija? ¿Algún asunto inconcluso que no deba seguir postergando?*

Entonces no lo postergues. Ocúpate de él ahora mismo, lo más pronto posible.

Tu hija y tú se merecen la oportunidad de reconciliarse.

Guía rápida de referencia de un buen padre:

- Di: «Lo siento. Perdóname, por favor».
- Traza un plan para reconectarse.

NUEVE

¿Eres un hombre o una gallina? ¡Cacarea fuerte!

No hay mayor cumplido que este: «Quiero casarme con alguien igualito a ti, papi». Cómo ayudar a tu hija a conseguir al tipo de hombre que quieres que ella tenga.

Retrocede al momento en que sostenías en tus brazos a ese pequeño paquetito de alegría por primera vez. Probablemente estabas aterrado de tenerla. Parecía tan pequeña y frágil que temías que se te cayera y se rompiera. Esa ola de actitud protectora que sentiste casi te quitó el aliento.

Tu hija puede estar todavía en el vientre, ser recién nacida, una deambuladora, estar cursando la escuela primaria, o la secundaria, yéndose hacia la universidad, ya arraigada en el mercado laboral, o ya ser una madre.

Pero sin importar la etapa de vida en la que se encuentre, una cosa nunca cambia: cada hija necesita a su papi. ¿Qué características hacen al tipo de padre que sobresale del resto? ¿El tipo de papá que cautiva el corazón de su hija y construye una conexión padre-hija de por vida?

Estate ahí

Cuando le pregunto a mi hija Holly, quien ya está en su cuarta década, qué es lo que más recuerda de haber crecido en casa, dice: «No eran las actividades organizadas. Era la diversión espontánea, los momentos Huggy Hairy eran los más sobresalientes».

Huggy Hairy y el gran lobo malo eran los juegos favoritos de mis hijas. Yo fingía ser un lobo feroz que las perseguía por toda la sala, las «capturaba», y luego las ponía en el «caldero» (el sillón) para cocinarlas. Les rociaba sal invisible, agregaba algunos vegetales imaginarios, y luego decía: «¡Oh, no! ¡Olvidé la pimienta!». Me daba vuelta y esa era su oportunidad de escapar. Por supuesto, cuando volvía con la pimienta, gruñía y me quejaba como si nunca hubiera podido adivinar que iban a escapar.

> «Era la diversión espontánea, los momentos Huggy Hairy los que sobresalían».

No seguí las instrucciones de ningún libro de juegos ni ningún guión. Simplemente estaba allí con ellas en el momento adecuado. Cuando un padre está presente y activo en el hogar, esa presencia brinda confianza, seguridad y consuelo a su hija. Pero solo la constancia puede construir ese sentimiento de pertenencia a la familia que los hijos ansían. Como vimos en el capítulo anterior, es por eso que el padre «que colma de objetos», que usa obsequios para reemplazar su presencia; y el padre que va y viene, quien piensa que puede construir una relación con su hija cuando se le antoja, nunca podrán construir la conexión padre-hija que su hija anhela.

Papá, ¿alguna vez te dijo tu hija: «Por favor, papi, no aparezcas para mi juego (o concierto u otro evento). Me avergüenza»? Bueno, entonces no caigas en el error.

Mi hija Krissy intentó eso una vez, decir que no era para nada «genial» que tu padre fuera a verte, o peor aun, que te alentara desde la tribuna. Pero donde están mis hijas allí estoy yo, así que fui de todos modos. Aunque Krissy solo me saludó con un leve levantamiento de su meñique izquierdo, que estaba reposando en su rodilla, la alegría en su rostro me dijo todo lo que necesitaba saber. Muchachos: sus hijas harán lo que hacen todas las mujeres: mentirles. No quieren mentir, pero lo hacen. Lo que te dicen no siempre es lo que quieren decir, como la vez que mi esposa me dijo: «Oh, no es necesario que ordenemos postre», así que emprendí el regreso, solo para ver lágrimas cayendo de sus ojos unos minutos después porque no nos quedamos a disfrutar de un postre.

Verás, cuando apareces en los eventos de tu hija, estás diciendo con toda claridad: «Eres importante. Me importas. Lo que te interesa me interesa también». Sé que tienes una agenda muy demandante, y seguramente haces malabares entre tu trabajo y tu familia. Pero cuando estás dispuesto a dejar de lado tu propia agenda para entrar en la vida de tu hija, eso dice todo respecto al valor que tiene ella para ti. Es la mejor defensa que puedes darle a tu hija contra los tontos y abusadores del mundo.

Construir una conexión padre-hija no sucede de una sola vez. Son todas las pequeñas veces de haber estado presente a lo largo del tiempo. Tal vez has escuchado la cita: «El lugar de una mujer es en el hogar». Pero tan cierto como eso es que «el lugar de un hombre es en el hogar».

Compréndela en lugar de tratar de arreglarla

Aprendí del modo más difícil que aun los padres psicólogos no deben meterse con soluciones.

Una vez en el desayuno Holly estaba hablando acerca de un problema que tenía. La solución era tan obvia que no podía creer que mi lógica primogénita no la viera. Así que demostré mi sabiduría diciéndole lo que tenía que hacer y luego esperé una palmadita en la espalda. En lugar de eso provoqué un silencio sepulcral.

Finalmente Holly dijo: «Papá, ¿sabes lo que deberías hacer?».

«¿Qué cariño?».

«Deberías leer tus propios libros».

Ay.

Había hecho la típica maniobra paterna de ignorar las emociones de mi hija y decirle qué hacer en lugar de tomarme el tiempo de entrar en su mundo. «Te pido disculpas, Holly. Me equivoqué».

Una cosa acerca de las primogénitas: pueden saltarte a la yugular. Durante las horas siguientes me sentí mal.

> En lugar de saltar directo a una respuesta, como solemos estar propensos a hacer los hombres, necesita que escuches su proceso a lo largo de toda la enchilada.

Nosotros los papás queremos enmendar problemas. Pero, padre, tu hija no quiere que repares todo en su mundo. Solo quiere que la comprendas. Eso significa que en lugar de saltar directo a una respuesta, como solemos estar propensos a hacer los hombres, necesita que escuches su proceso a lo largo de toda la enchilada.

¿Qué es lo que no deberías decir? «La respuesta es sencilla». ¿Por qué? Porque para ella no lo es. Tal vez este no sea tu primer rodeo con esa situación, pero sí el suyo. Si quieres formar una hija que tenga habilidades para resolver problemas por sí misma, necesitas permitirle transitarlos.

En lugar de ofrecerle una solución, necesitas mostrarle empatía. Esa es una cualidad difícil de encontrar en un hombre. Pero cuando la desarrolles te sorprenderá ver el modo en que fortalece la conexión padre-hija. «Cariño, me da la impresión de que esto realmente te molesta. ¿Por qué no me cuentas sobre un poco más?».

Trata a tu esposa como el tesoro que es

Déjame preguntarte algo. Cuando tu casa es un desastre, ¿quién lo nota primero, tú o tu esposa? En un hecho biológico que los hombres son capaces de caminar delante de una pila de vajilla sucia en el fregadero e ir a la cama y dormir profundamente. También es un hecho bien sabido que los estrógenos y la vajilla sucia no se mezclan. Nueve de cada diez mujeres no pueden cerrar sus ojos si la cocina no está limpia.

¿Con cuánta frecuencia llegas del trabajo a casa antes que tu esposa y optas por limpiar la cocina en lugar de echarte en tu cómodo sofá? ¿Qué haría tu esposa si no solo pusieras la vajilla sucia en el lavavajillas, sino también limpiaras el mostrador? Imagina...

Tu esposa entra exhausta tras un día agitado. Donde espera ver suciedad ve una cocina reluciente. Para algunos de ustedes, su esposa tal vez quiera salir de la casa para leer el cartel de la entrada con la numeración y asegurarse de que no se equivocó de vivienda.

> Nueve de cada diez mujeres no pueden cerrar sus ojos si la cocina no está limpia.

Lo más importante es que tu hija está observando. Lo que ella ve en el modo en que tratas a tu esposa establece el estándar de cómo esperará que la traten sus amigos y luego su marido.

Así que echa un vistazo a tu casa. Luego mírate tú.

Tu hija necesita ver que tratas a tu esposa como alguien especial y digno de respeto. Esa es una de las razones por las cuales nunca permití que mis hijos le faltaran el respeto a su madre. Tú tampoco deberías permitírselo a tu hija.

Cree en tu hija

Una mujercita llamada Elizabeth quiso hacer algo que ninguna muchacha había hecho antes en su pueblo natal: postularse para la presidencia de su escuela secundaria.

«Mi padre creyó en mí», explicó Elizabeth. «Crecí sintiéndome respetada».[1]

John Van Hanford, el papá de Elizabeth, no solo infundió en su hija la convicción de que podía lograr grandes cosas, sino que gracias a su estilo de paternidad, a Elizabeth le resultaba fácil relacionarse con hombres. «Siempre me agradaron los hombres porque me agradaba mi padre, y aparentemente él también se agradaba».

Entonces no era para sorprenderse que Elizabeth hiciera una sabia elección de esposo: un hombre muy respetado que trabajó por años como senador del estado de Kansas, que fuera candidato presidencial por el partido republicano. «Lo que admiro y respeto [en mi marido] es lo mismo que admiraba y respetaba en mi papá», explicó Elizabeth.[2]

¿Con quién se casó Elizabeth? Con un hombre llamado Robert Dole. Ella avanzó en la vida hasta convertirse en secretaria de transporte bajo la administración Reagan y también trabajó como directora de la Cruz Roja Americana. Hoy las mujeres se sientan en la Corte Suprema, administran negocios, tienen su propia liga de baloncesto profesional, ganan la Copa Mundial de fútbol, tienen cada vez más categorías de deportes en las olimpíadas, y ocupan rangos altos en la milicia.

Hay muy pocas cosas que las mujeres no pueden hacer. Si tu hija quiere ser piloto y desarrolla esas habilidades, puede ser piloto. Si quiere ser director ejecutivo, puede ser director ejecutivo. Tu hija tiene tantas posibilidades como tu hijo de cumplir sus sueños. Pero a veces esos sueños pueden costar las relaciones familiares. Tú, padre, puedes preparar a tu hija para pensar críticamente acerca del modo en que funcionan el mundo y el mercado laboral. Si tu hija quiere tener una familia algún día y también una carrera, puede aprender a ser creativa. La Internet y las telecomunicaciones han cambiado el mundo corporativo moderno. La puedes ayudar a explorar estos modos de generar dinero compatibles con la vida familiar.

> Creer en ella. Alentar sus sueños. Y darle una perspectiva bien equilibrada del modo en que funciona el mundo.

Lo más importante que puedes hacer es lo que John Van Hanford hizo por su hija: creer en ella. Alentar sus sueños. Y darle una perspectiva bien equilibrada del modo en que funciona el mundo.

Permítele lastimarse

Lo más difícil que un padre puede hacer es dejar que su hija se lastime, pero a veces el dolor es el único camino hacia la madurez. Si tu hijo llega a casa golpeado por un bravucón, tu reacción natural es: «Te enseñaré a devolverle los golpes... y ganar». Si tu hija vuelve a casa emocionalmente herida por algo que dijo un compañero de la escuela, tú comienzas a pensar en tener una bazuca en el fondo de tu armario.

Este es un mundo duro. La vida no siempre es justa. No impidas la madurez de tu hija corriendo siempre para salvarla. A veces ser un buen padre significa dejar que tu hija busque su propia salida en una situación difícil o incluso dolorosa, en medio de un torbellino de emociones y relaciones cambiantes que enfrenta una muchacha al ir creciendo. No es fácil pero es esencial en el desarrollo de tu hija.

Sin embargo, de ninguna manera estoy diciendo que deberías permitir que tu hija sea insultada o injuriada por cualquiera de su entorno. Estoy hablando de los ajustes que van sucediendo en las vidas de las niñas cuando tienen roces con otros de su entorno y necesitan aprender el mejor modo de relacionarse con otros, al mismo tiempo que defenderse solas y hacer lo correcto.

> No impidas la madurez de tu hija corriendo siempre a salvarla.

Mei Li, una pequeña de segundo grado, solía ser la elegida por Mark, el bravucón de su clase. Su padre quería meterse rápidamente y solucionar las cosas para ella (con Mark, sus padres, su maestra y la administración de la escuela). Pero también sabía que, como niña pequeña que era, probablemente terminaría enfrentando a muchos bravucones en su vida y necesitaba aprender el modo de lidiar con ellos.

En lugar de eso, él le enseñó tres pasos.

Paso 1: Cuando el bravucón te hace algo, con firmeza lo miras directo a los ojos y le dices: «Por favor no vuelvas a hacer eso. No me agrada».

Paso 2: cuando el bravucón lo intenta nuevamente, lo
enfrentas mirándolo a los ojos y dices con determinación:
«Te pedí que no hicieras eso. No me gusta. Si lo haces
nuevamente tendré que decirle a la maestra».
Paso 3: si el bravucón lo hace nuevamente, entonces le dices
a la maestra y la involucras en el asunto. Tu bravucón
necesita saber que hablas en serio.

(A propósito, lo que su padre sí hizo fue informar en secreto
a la maestra acerca de los tres pasos que le pidió seguir a Mei Li,
para que la maestra supiera que si Mei Li le hablaba, los encuen-
tros con el bravucón ya se encontraban en el paso número 3.)

Con estos tres pasos, la pequeña Mei Li de apenas dieciséis kilos podía enfrentar a cualquier bravucón de la escuela
que la amenazara. Después de todo, los bravucones carecen de
confianza, razón por la cual acosan a otros, para parecer más
grandes en el exterior de lo que se sienten en el interior. Hacia
el final del segundo grado Mark le dijo con admiración: «Eres
la chica más fuerte que conozco». Ya estando en tercer grado
Mark se convirtió en el protector de Mei Li, diciéndoles a los
otros niños que no se metieran con su protegida, sino tendrían
que vérselas con él.

Hasta el día de hoy Mei Li, quien ahora cursa octavo grado,
es respetada por todos sus compañeros y enfrenta su entorno con
confianza. Ese padre le hizo un favor a su hija cuando, en lugar
de tratar de resolver sus problemas y disminuir sus heridas, le dio
herramientas con las cuales manejar la situación.

Para criar hijas responsables también debes permitirles sentir
un escozor de tanto en tanto. Cuando una de mis hijas comenzó
a quejarse por tener que lavar la vajilla, decidí cortar la queja de
raíz. Entré a la cocina.

«Esta noche haré tu trabajo», le dije, quitándole el repasador de la mano. «Ve y haz lo que quieras hacer».

Elegí mis palabras con cuidado: «Haré tu trabajo». No le podía haber dado un castigo peor. Podía ver en sus ojos el sentimiento de culpa, y quería que se sintiera culpable.

No había terminado de guardar el último plato cuando ella entró nuevamente a la cocina, parecía perdida. «Lamento no haber lavado la vajilla», dijo en un tono dócil.

«¿Entiendes por qué estaba molesto?».

«Sí», dijo con voz apenas audible.

«Cuando mamá y yo te pedimos que hagas algo de la casa esperamos que lo hagas con la mejor cara. ¿Qué cara tenías?».

Ella agachó su cabeza. «Cara de enojada».

Le di un abrazo para darle contención, pero reforcé la lección. Ella se sintió herida, creció y nunca volvió a quejarse por lavar la vajilla después de aquella ocasión. En la familia Leman todos damos una mano. Y eso es porque tenemos un hogar; no administramos un hotel.

El viejo refrán es muy cierto: «No hay miel sin hiel».

Es verdad en cada área de la vida, incluyendo la crianza de tu hija.

Una hija necesita un padre que...

- es honesto y confiable.
- es apacible.
- se pone en el lugar de ella para ver su mundo.
- confronta con amor.
- tiene sentido del humor.
- le da el obsequio de expectativas positivas.
- se preocupa y consuela.

- está lleno de gracia y aceptación.
- se comunica hablando y escuchando.
- hace alegrar su corazón.

Enséñale a tu hija que los demás importan

Cuando mis dos hijas mayores eran pequeñas, me hice amigo de un hombre que trabajaba en la gasolinera donde regularmente llenaba el tanque de mi carro. Él y su esposa tenían hijos pequeños, y habían tenido algunos tiempos difíciles. El día que conocí su historia volví a casa y se la conté a mi familia.

«Ellos van a tener una navidad muy austera», dije. «¿Cómo podemos ayudarlos?».

Cuando dejé a las niñas sacar sus propias conclusiones, alguien tuvo la idea de donar algunos de sus propios juguetes como regalos de navidad. Les recordé que para que algo sea realmente un obsequio, debían considerar dar regalos que en verdad ellas todavía disfrutaban, no juguetes con los que nunca jugaban y que sabían que otro niño tampoco lo haría.

Mi hija mayor Holly tenía dos animalitos de peluche que atesoraba: un lobo llamado Lilac y un mapache con círculos olímpicos que le habían regalado en su último cumpleaños. Le dio un fuerte abrazó a ese mapache y luego me lo entregó. «Dijiste que deberíamos dar lo mejor que podamos... y el mapache y Lilac son unos de mis mejores».

Mi sugerencia hizo efecto, y Lilac y el mapache pronto tuvieron un nuevo hogar.

Padre: si quieres que tu hija sea feliz es crucial que piense primero en los demás. Si se centra solo en ella vivirá frustrada porque siempre habrá alguien mejor y más bonita que ella. ¿Pero cómo sería la vida de una hija que piensa primero en los demás y no en ella? Siempre se sentirá plenamente enfocada en las misiones de su vida, ya que hay muchas personas en esta tierra que necesitan que las vean y las aprecien. Sus relaciones serán ricas y variadas.

> Si quieres que tu hija sea feliz es crucial que piense primero en los demás.

Como nosotros los Leman nos enfocamos en servir a otros, hasta el día de hoy veo el mismo modo de conducirse en cada una de mis hijas y en mi hijo. Todos nuestros cinco hijos son generosos.

Padre, déjame hacerte una pregunta difícil: si murieras mañana, ¿qué enseñanza le habrías dejado a tu hija acerca de servir a otros?

Robert F. Kennedy fue asesinado cuando su hija Kathleen tenía solo diecisiete años. Pero en los años que estuvo con ella la preparó para la vida. «Mi padre siempre creyó que era bueno establecer objetivos difíciles para los niños porque eso los haría esforzarse más para ser mejores. El credo de mi padre era: inténtalo... no te rindas... ¡gana!».[3]

Kathleen Kennedy Townsend ha pasado la mayor parte de su vida adulta en servicio público, incluyendo el ganar una banca como la primera asistente de gobernador femenina de Maryland. En funciones políticas Townsend desarrolló la primera iniciativa estatal en la nación que delimitaba sistemáticamente zonas con altos niveles de delincuencia, al reunir operaciones de agencias de gobierno que antes estaban dispersas (policía comunitaria, control de libertad condicional, poner fin a los perjurios, prevención de la violencia juvenil, y movilización comunitaria).

¿Le enseñaste a tu hija la importancia de servir? ¿Ella sabe que la vida es más gratificante si uno se ocupa de causar un impacto positivo en su familia, su comunidad, su nación y el mundo, en lugar de correr al gimnasio luego del trabajo para intentar hacer entrar su cuerpo talla diez en un vestido talla cuatro? ¿Comprende la importancia de perseverar y no darse por vencida? ¿Le enseñaste que el sacrificio y el servicio a veces duelen? ¿Que hay momentos en la vida que debemos renunciar a lo que queremos para nosotros mismos para ocuparnos primero de las necesidades de otros? Si lo hiciste estás preparando bien a tu hija para cuando salga a enfrentar la vida fuera de las cuatro paredes de tu casa.

Usa la realidad para enseñar lecciones de vida

«Papi: ¡haz algo!», dijo Krissy. Sus ojos estaban aterrados y se tomaba las manos.

Estábamos parados en el estacionamiento de un centro de compras cuando vimos a un hombre abofetear a una mujer en la cara y luego empujarla dentro del carro.

Antes de que las palabras terminaran de salir de la boca de Krissy, yo ya estaba corriendo hacia el hombre y la mujer. Pero él aceleró y se marchó del estacionamiento. El rostro de la mujer estaba orientado hacia la ventana. Ella estaba sollozando.

Cuando volví a mirar a mi hija ella también sollozaba. La abracé. «Krissy, desearía que no hubieras visto eso, pero necesitas saber algo. En este mundo hay hombres que tratan a sus esposas de ese modo todo el tiempo. Abusan de las mujeres y las lastiman». Hice una pausa, esperando a que las palabras penetraran para que también pudiera escuchar mis próximas palabras. «Cariño, tu trabajo es encontrar a un hombre que te trate con respeto. Uno que te ame, se preocupe por ti, y *nunca* te golpee».

Krissy estuvo callada todo el viaje de regreso a casa, su cerebro trabajaba a toda velocidad para procesar todo lo que había visto y oído. Fue su primer encuentro con las duras realidades que muchas mujeres enfrentan en la vida a causa de hombres enfermos y predadores.

Por mucho que queramos proteger a nuestras hijas de las realidades feas de la vida, es imposible. Suceden cosas malas. Lo importante es el modo en que interpretas la situación para tu hija.

A menudo, cuando nuestros hijos estaban creciendo, veíamos algún accidente cuando íbamos en el carro. Tal vez un automóvil había volcado y las luces de la sirena policial iluminaban el cielo. Una ambulancia se encontraba cerca. Yo decía en voz alta: «Apuesto a que hubo drogas o alcohol involucrados». Unos instantes más tarde mis hijos comenzarían a hablar antes que yo. Al pasar y ver un accidente uno de ellos diría: «¿Piensas que fue un drogadicto, papá?». Intencionalmente marqué a mis hijos para conectar drogas y alcohol con accidentes y otros eventos desagradables.

> Suceden cosas malas. Lo importante es el modo en que interpretas la situación para tu hija.

Muchas veces nos enfocamos tanto en remarcar la impronta positiva en nuestros hijos (con respeto, éxito profesional, éxito económico, felicidad, una buena ética laboral, y demás), que olvidamos mostrarles las consecuencias de los aspectos negativos de la vida. Por ejemplo: si alguien es irresponsable, holgazán y egoísta, eso suele llevar a la tragedia, la ruina económica, el trastorno moral, y otras muchas cosas.

Es verdad que las tragedias también golpean las vidas de personas buenas y decentes. Pero con seguridad la tragedia estará más relacionada con la conducta irresponsable. Es solo cuestión de tiempo. Si tu hija se casa con un hombre violento que solo piensa en él y no valora a las mujeres, eventualmente será abusada.

Por esta razón no puedes darte el lujo de quedarte en silencio. Tu hija te está necesitando para que la ayudes a descifrar cómo funciona el mundo. Si no le explicas y asistes con una correcta interpretación se verá forzada a adivinar para hacer su propio camino en la vida. Piensa en tu juventud. ¿Cuánto sabías realmente acerca del mundo? Si miras hacia atrás, ¿qué hubieras cambiado si hubieras estado más informado y capacitado? ¿Realmente quieres que tu hija tome decisiones hoy con menos conocimiento del que tú tuviste en aquel entonces? Es un pensamiento escalofriante, ¿no?

Los verdaderos hombres...

- muestran sus emociones.
- comparten sus emociones.
- son honestos y directos.
- aman a sus hijos incondicionalmente.

Vive lo que dices

Si quieres dejar una huella en la vida de tu hija no alcanza solo con lo que tú le dices a ella, a modo de enseñanza. Más importante aun es la influencia de lo que tú haces. ¿Vives lo que dices? ¿Tu hija ve amor, amabilidad, estabilidad y servicio en tus acciones? ¿O ve impaciencia, prioridades mal ordenadas, competencia y golpes bajos?

Supongamos que tu hija tiene que preparar un trabajo para la escuela titulado: el modo en que los hombres deberían tratar a las mujeres. Si se basara en lo que ve en su propia casa, ¿qué diría su escrito?

Si estás pensando: *¡Ay!*, entonces es tiempo de un gran cambio en tu conducta hacia tu familia.

Si estás pensando: *¡Ey!, la mayor parte del tiempo lo hago bien, pero hay ocasiones en las que...*, entonces piensa con anticipación el modo en que responderás a esas «ocasiones».

Si estás pensando: *¡Ey!, soy bastante perfecto*, entonces necesitas un comprobador de realidad más grande que el resto de los padres. Ninguno de nosotros es Dios y todos necesitamos un poco de ayuda de tanto en tanto. De eso se trata este libro.

Pregunta a Dr. Leman

P: Mi esposa y yo nos separamos luego de veintidós años de matrimonio porque mi esposa tuvo una aventura durante los últimos ocho años y se negaba a terminarla, aun cuando le rogué y le dije que seguía amándola. Tenemos cuatro hijos (tres varones y una mujer), pero nuestra hija de veintiún años que asiste a la universidad es la que se encuentra más devastada y atrapada en medio de esta situación. Los tres muchachos todavía viven conmigo. Cuando mi hija viene de visita (mi ex y yo todavía vivimos en la misma localidad), su mamá planea tantas actividades que solo llego a verla un breve momento. Realmente amo a mi hija y la echo de menos. Los dos siempre hemos sido muy cercanos y tenemos muchas cosas en común. Sus hermanos también la extrañan. Pero ella no está dispuesta a ir en contra de su madre, quien tiene una voluntad muy fuerte y es muy astuta manipulando a los demás.

He confrontado a mi ex diciéndole que es justo que yo pase más tiempo con mi hija y que no puede continuar manipulando a Julia de la manera que lo está haciendo. Pero me responde: «Bueno, si ella quisiera pasar tiempo contigo buscaría las oportunidades y momentos. ¡Ese no es mi problema!». Y entonces lleva a mi hija de compras, llena aun más su agenda, y actúa como si fueran mejores amigas. ¿Alguna sugerencia? Mi hija es demasiado importante para mí como para dejar pasar esto. Hablamos mucho por teléfono y por correo electrónico, pero me siento como si estuviera mirando la vida de mi hija desde afuera, y eso no me gusta.

—Bill, Michigan

R: ¡Increíble!, tu esposa es todo un personaje y me sorprende que hayas soportado su aventura ocho años. Pero me parece muy claro lo que está haciendo ahora. Quiere que las cosas con tu hija sean como eran (actividades que hacían juntas) cuando ustedes aún estaban casados. Pero con un divorcio de por medio nada es como era. Es imposible retroceder y reclamar lo que tenías. Tu esposa está atascada en un mundo en el que simula que las cosas entre ella y su hija están muy bien, y que la vida es como siempre lo fue. Por el cuadro que has pintado de tu ex, sin embargo, ahora no entenderá su error, así que solo puedes trabajar con lo que está en tu control.

En este momento estás caminando por la cuerda floja. Nunca deberías hablar mal de tu ex delante de tus hijos. Descifrarán cómo es la historia muy pronto. Créeme que si hablas mal de ella tus hijos la convertirán en la Madre Teresa.

Te sugiero que discretamente arregles un tiempo para ver a tu hija a solas, aun si eso significa tener que de improvisto hacer un viaje en auto o tomar un vuelo para verla en la universidad. Dile cara a cara: «Julia: me gusta mucho pasar tiempo contigo y lo estoy extrañando. Sé que tú también quieres verme. Pero parece que cuando vienes a visitarnos tu mamá tiene todo el programa ya planificado para ti. ¿Cómo te sientes al respecto?».

Por lo que me has escrito de tu hija, tal vez ella responda: «No me agrada. Echo de menos el tiempo contigo». Entonces dices dulcemente: «Julia: ya tienes veintiuno. Dentro de un año te estarás graduando de la universidad. Ya no eres una niña pequeña. Necesitas ponerte firme respecto de lo que quieres. Cariño, sé que amas a tu madre pero ella no es tu dueña, como si fueras un mueble. Cuando vienes a casa deberías ser tú quien planea tu agenda, no ella. Entonces será tu decisión con quién pasas tu tiempo, cuánto tiempo y cuándo. Es algo que tú ya mereces. Así que supongo que tienes una decisión que tomar. Puedes vivir el resto de tu vida gobernada por tu madre o decidir hacerte cargo de tu propia vida».

Dicho eso, no vuelves a tocar el tema. Has sembrado la semilla. Las próximas acciones dependen de tu hija. Su situación me conmueve el corazón. Mientras tanto tú continúas amando a tu hija y comprometiéndote en su vida del modo que puedas. Dentro del año próximo, al graduarse, su vida cambiará nuevamente. Necesitará todo el estímulo y el apoyo que pueda recibir de ti, con una madre tóxica del otro lado.

«¡No puedes con la verdad!»: Jack Nicholson a Tom Cruise

En la película *Cuestión de honor*, Tom Cruise interpreta al teniente Daniel Kaffee, un abogado militar que va tras el gélido coronel Nathan R. Jessup, interpretado por Jack Nicholson. Cuando el caso parece perdido, el joven abogado tiende una trampa al sarcástico coronel y detona su ira de manera tal que finalmente dice la verdad (que él *sí* ordeno el Código Rojo que mató a Santiago, un soldado).

Bueno, papá, este es el momento de la verdad. ¿Estás preparado para la verdad? Echa un vistazo a la lista de cualidades de un «buen papá» de la que hablamos en este capítulo. Pon una pequeña tilde en aquellas en las que dices: «¡Ey!, estoy haciéndolo bastante bien en esta área». Resalta o escribe en otra hoja aquellas otras cualidades sobre las que tienes que trabajar.

Si tomas la lista de cualidades de «buen papá» para mejorar tu carácter, tengo noticias para ti. No acertarás el cien por ciento en ninguna de ellas. No lo alcanzarás. Cometerás errores. Todos lo hacemos. Pero ten en mente que tu objetivo no es ser un *padre* perfecto. No existe tal cosa en esta tierra. Tu objetivo es ser un *buen* padre. Ser un buen padre no tiene que ver con comprarles cosas a tus hijos o tildar estrategias complicadas de tu lista de tareas. Tiene que ver con relacionarte con tu hija, tomarte el tiempo de comprometerte emocionalmente con ella en su mundo. Cuando todo está dicho y hecho, ¿cómo estás con eso?

Recientemente tuve una conversación reconfortante con el papá de dos hijas adolescentes. Este hombre rudo se secaba las lágrimas mientras me contaba: «Siempre he tratado de ser un buen padre, pero a veces me preguntaba si estaba haciendo un impacto positivo significativo en la vida de mis hijas. La semana pasada mi hija mayor Michelle rompió con su novio. Habían estado saliendo por un año y yo estaba realmente nervioso con la relación que tenía con ese muchacho. No me gustaba el modo en que él la trataba. ¿Sabes lo que ella me dijo? "Quiero casarme con alguien exactamente como tú, papi, y me di cuenta de que Jake no estaba siquiera cerca". ¡Qué sorpresa me dio!».

No hay mayor cumplido que un padre pueda recibir. ¿Te gustaría que tu pequeña niña pase el resto de su vida con alguien exactamente como tú?

Si es así, date una A+, una palmadita en la espalda, y sal a celebrar con tu hija.

Si no, es tiempo de cambiar algunas cosas de ti mismo, por el bien de tu hija.

¿Eres un hombre o una gallina? ¡Cacarea fuerte!

Guía rápida de referencia de un buen padre:

- Vive lo que dices.
- Conviértete en el tipo de hombre con el que quisieras que se case tu hija.

DIEZ

Si ves a una tortuga
en un poste...

... sabrás que no llegó allí por sus propios medios. Por qué tu hija necesita de tu estímulo para triunfar en la vida.

No me gusta admitirlo públicamente pero, junto a mi esposa e hijas, me he sentado a ver la serie televisiva *Bachelorette* y el canal HGTV, programas de cocina y *Project Runway*. Pero lo hice por una razón: como hombre tengo que estar interesado en las cosas que le importan a las personas que amo. De hecho, si no saben que me importa, no les importará que sepa.

El día que tu hija salga por la puerta de tu casa llegará mucho más rápido de lo que jamás puedas imaginar. He acompañado a mis cuatro hijas hasta la puerta para ir a la universidad y ya he escoltado a tres de ellas hasta el altar de la dicha conyugal. Todo pasó en un abrir y cerrar de ojos.

Métete en el mundo de tu hija

Retrocede algunos años, al día de tu niñez en que fuiste por primera vez al odontólogo. Saltaste para sentarte en el borde de esas sillas incómodas de la sala de espera, y tus pies colgaban. Estaban casi adormecidos, por mucho que los movieras, cuando pronunciaron tu nombre. Luego trepaste la montaña de ese extraño sillón y le echaste una ojeada a todas esos artilugios de metal brillante que se parecían a los aparatos de tortura de tus pesadillas. Mientras esperabas apretabas tus ojos bien cerrados, imaginando ese taladro o inyección acercándose hacia ti... más cerca, más cerca... y vivías ese momento aterrorizado.

Cuando eres pequeño el mundo puede ser un lugar grande, atemorizante y confuso.

Hay voces llamando constantemente a tu hija: profesores con valores diferentes a los tuyos, blogs adolescentes, recortes de YouTube que ostentan poses sensuales, y videos musicales que resaltan lo perecedero de las relaciones, el «romance» (todo en apariencia de sexo), y el matrimonio. Los niños, por sus propios medios, no tienen la experiencia o la madurez para filtrar esas voces adecuadamente.

Cuando Hannah contaba siete años tenía una computadora de juguete que le «hablaba» en lenguaje sencillo y pregrabado: «Bienvenida. Por favor, selecciona una categoría ahora».

Un día, cuando Lauren tenía dos años, la encendió.

Esto estará bueno, reflexioné, curioso por ver lo que haría Lauren con una caja parlante.

«Bienvenida», dijo la computadora. «Por favor, selecciona una categoría ahora».

Lauren no sabía qué hacer así que sencillamente se sentó a esperar. Luego de unos quince segundos la computadora dijo nuevamente: «Por favor, selecciona una categoría ahora».

Lauren suspiró con exasperación. Poniendo sus manos alrededor de su boca se inclinó hacia la computadora y gritó: «Señora, solo tengo dos años».

Mientras esas voces rodean a tu hija, ella necesita el beneficio de tu sabiduría y experiencias pasadas para evitar muchos de los errores que pudiste haber cometido en tu propia vida. Es por eso que cuando los padres divorciados me dicen: «No le hablo a mi hija acerca de relaciones. Después de todo, ¿qué tengo para decirle? Mi propio matrimonio falló», tengo una réplica terminante.

«Esa es exactamente la razón por la que *deberías* decirle algo a tu hija, para que evite cometer los mismos errores que cometieron tu ex y tú en su relación».

No, no puedes reparar todo en la vida de tu hija y tampoco deberías. Ella necesita tener su espacio para crecer, aprender y cometer sus propios errores a lo largo del camino para pulir su carácter. No permitirle tomar sus propias decisiones, justificarla y allanar sus caminos de vida solo lograrán convertirla en una adulta sin fuerza de voluntad y sin carácter, que piensa que todos existen en este mundo para servirla. Ninguna hija debería ser criada para ser el centro del universo. Pero sí necesita sentirse valorada, apreciada y una parte importante de su familia.

Si puedes recordar un solo pensamiento de este libro, que sea este: lo que tu hija piense de sí misma y del modo en que funciona el mundo tiene absolutamente todo que ver contigo, su papá. Si no le has enseñado con tus palabras y acciones lo que importa en la vida y lo valiosa que es ella como un ser humano único, se convertirá en lo que piensa que debería ser para complacer las demandas de sus pares.

> Lo que tu hija piense de sí misma y del modo en que funciona el mundo tiene absolutamente todo que ver contigo, su papá.

Pero una muchacha que ha sido amada y cuidada por su padre en una buena conexión padre-hija, estará equipada para decir no a un grupo de pares que demanda: «Ey, sé como nosotros». ¿Su respuesta interior? *¿Por qué debería? Mi papá dice que debo ser yo misma. Él me ama, está siempre presente cuando lo necesito, y le gusta quien soy, tal como soy.* No hay mejor antídoto a la presión de los pares que la *continua* afirmación y presencia activa de un padre.

¡Un momento! Observa que usé la palabra *continua*. Nosotros los hombre solemos ser tildadores de listas. «Está bien, el trabajo de "matrimonio" está hecho. Tildado». O, «Sip, la tarea de "estimular a la hija" está hecha. Tildado». Pero la afirmación paterna no viene dentro de una gran charla «estoy orgulloso de ti», luego de la cual lanzas un suspiro de aliento, tomas nuevamente tu tarjeta de macho, y silbas felizmente mientras te alejas hacia el salvaje cielo azul. La afirmación viene en un montón de pequeñas maneras y situaciones a lo largo de los años de su relación.

Aquí hay un par de ejemplos de mi relación con Krissy, mi segunda hija.

Si se dejara en manos de los hombres el recordar los cumpleaños, aniversarios y otras fechas importantes, estoy convencido de que no habría, ni cerca, tantas celebraciones en esta tierra. En general los hombres dejamos eso en manos de las mujeres de la familia, y asumimos que están naturalmente más preparadas para lidiar con esa clase de eventos. Pero decidí muy temprano en mi paternidad que quería ser un padre comprometido con mis hijas, no un padre que simplemente le delega a su esposa la responsabilidad de firmar tarjetas y comprar obsequios de parte de los dos.

Algo gracioso: luego de que Krissy se casó, un día me contó que uno de los recuerdos más fuertes que ella tenía era que yo era quien firmaba muchas de sus tarjetas de cumpleaños en lugar de Sande.

Las hijas notan estas cosas, papi. No pienses que no lo hacen. Las pequeñas cosas importan, especialmente para las mujeres en tu vida.

Krissy también recuerda que, en su decimotercer cumpleaños fui a una joyería y diseñé un anillo de ametista para ella. Hasta el día de hoy aún lo tiene. Dice que es el obsequio de su infancia que más estima porque implicó una iniciativa de mi parte para escogerlo, diseñarlo y comprarlo. ¿Hubiese estado más cómodo si mi artística esposa lo hubiera hecho? ¡Te lo aseguro! Pero ser un buen papá significa salir de tu zona de comodidad por el bien de tu hija.

Llegará el día en que la personalidad de tu hija, las cualidades de su carácter, y sus afectos quedarán formados. Cuando llegue ese día ¿qué recuerdos quieres que tenga de su padre?

Poco después de mudarse a la universidad, Krissy le escribió una carta a Sande que incluía estas palabras:

Tú y papá me han enseñado muchas cosas. Si no fuera por su guía, amor y disciplina, nunca hubiese logrado estar aquí en la universidad. Las enseñanzas morales que me dieron son ahora las características a las que me aferro, especialmente ahora que tengo que valerme por mí misma.

No hay nada mejor que descubrir, cuando tu hija creció, que ha internalizado los valores que le estuviste enseñando a lo largo de los años, y que ha elegido vivir por ellos. Eso es lo que quiero decir con «la huella imborrable» de un padre.

Padre: tu hija necesita tu ayuda para ganar confianza al ir convirtiéndose en mujer y encontrar su papel único en el mundo. Eso significa que necesita que estés interesado en lo que le interesa, en el momento en que le interesa. Tu hija no estará interesada en las mismas cosas a los cinco años que a los quince. Tú debes ir con la corriente mientras su vida e intereses cambian. Pero lo que más necesita permanecerá constante: tu estímulo.

Aprendiendo el modo de conectarse

Mi padre era un gran proveedor, pero era del tipo fuerte y callado. Nosotros los niños raramente interactuábamos con él, excepto en la cena cuando cada noche nos preguntaba a cada uno cómo había sido nuestro día. Mayormente reportábamos eventos y no nos metíamos con ningún sentimentalismo. Sé que mi padre me amaba pero nunca pronunció las palabras para expresarlo.

Hace un mes mi esposa y yo participamos de un seminario en una iglesia cercana donde usted habló acerca de «conectarte con el corazón de tu hija». Esa frase fue como aprender un lenguaje nuevo porque yo crecí en una familia de cuatro varones y ahora tengo cuatro hijas, de entre dos y seis años. (Sí, es verdad, Dios tiene sentido del humor.) Su comentario desató una larga conversación entre mi esposa y yo. Aunque pueda parecer loco tuvimos un casi interminable intercambio de ideas acerca de modos para conectarme con mis hijas, porque creo que tú estás en lo correcto (sí, me inclinaba a ejercer mi paternidad del mismo modo en que mi padre lo hizo conmigo, dejando la crianza de mis hijas en manos de mi mujer).

Mucho ha cambiado en las últimas tres semanas. Yo acostumbraba llegar a casa sigilosamente después del día de trabajo y tratar de escapar directo a nuestra habitación a darme una ducha para intentar lavar mi día de trabajo de mi cabeza. Ahora, cuando llego a casa, hago un gran espectáculo al cerrar la puerta y gritar con entusiasmo: «¡Llegó papi!». Las cuatro niñas corren hacia la puerta gritando: «¡Papi!» y se abrazan a mis piernas. Luego me abro camino hasta la cocina con cuatro extremidades extra para darle a mi esposa un gran beso, el cual siempre genera un fuerte «puaj» de mi hija mayor. Ahora es una tradición diaria. ¡Ey, no hay nada mejor para levantar el ego de un hombre que ser bienvenido por cinco adorables mujeres! Estoy aprendiendo a disfrutar los mimos y ver el mundo desde sus ojos. Ahora también les leo durante una hora después de la cena, para que mi esposa pueda tener algo de tiempo tranquilo. Y entonces, finalmente me doy mi ducha.

Anoche, Melody nuestra hija de cinco años, estaba sentada en mi regazo mientras yo leía. Se dio vuelta, levantó sus brazos y tomó mi cara. «Papi: estás distinto», dijo.

Sí, este papá está «distinto».

—Kurt, Wisconsin

Ese pequeño empujón de estímulo

Si ves a una tortuga en un poste, sabrás que no llegó allí por sus propios medios. Le dieron un pequeño empujoncito... o uno grande... para alcanzar esa posición elevada. Del mismo modo tu hija necesita empujoncitos de estímulo que la motiven a subir hasta la cima del poste.

¿Tienes idea de lo poderosas que son estas dos palabras: *buen trabajo*?

¿Qué estás diciendo en realidad? Mucho más: «¡Muy bien!, fuiste tras ese proyecto de ciencias tan difícil y diste todo de ti, a pesar de que esa materia te resulta difícil. Eso me dice mucho acerca de tu carácter y determinación. Esas son las cualidades que te marcarán para toda la vida». Nosotros los hombres, que a veces luchamos por decir algo más que un gruñido, necesitamos recordar lo significativas que pueden ser para quien las escucha, incluso unas pocas palabras.

¿Qué tal si intentas: «¡Guau!, eso debe hacerte sentir muy bien», luego de que tu hija aprenda una pieza de piano para un recital o una nueva jugada de fútbol?

> ¿Tienes idea de lo poderosas que son estas dos palabras: *buen trabajo?*

Pero observa que no estoy diciendo: «Estoy tan orgulloso de ti. ¡Eres la mejor (jugadora de fútbol/pianista) *de todas*!». Eso sería adulación ya que siempre habrá alguien que lo haga mejor.

El otro día vi a un niño de tres años con una cresta estilo mohicano. La madre susurró: «¡Oh, Ethan!, qué bien te ves con ese peinado, eres el pequeño más genial que he visto». Eso es adulación falsa, y ni siquiera un niño de tres años es tan estúpido como para creerlo. Di vuelta la esquina y vi una niña de cinco años con el cuello de su camiseta levantado. Estaba caminando con un hombre que parecía ser su padre. Él también tenía levantado el cuello de su camiseta. De tal padre, tal hija. De la misma manera, muchos padres tratan a sus hijos como trofeos para exhibir, alabando sus propios logros parentales en lugar de criando hijos para ser adultos competentes y dadivosos.

Nuestro trabajo no es crear modelos parecidos a nosotros o perfectos. Nuestro trabajo es estimular las habilidades individuales y talentos de cada una de nuestras hijas. Así que la próxima vez que tu hija llegue a casa con su libreta de calificaciones, no le digas: «¡Guau!, eres tan inteligente. ¡Mira esa A!». En lugar de eso dile: «¡Guau! Has trabajado tan duro para levantar tu calificación en matemática. Esa B+ debe ponerte contenta. ¡Buen trabajo!». Eso es estímulo efectivo que mantendrá a tu tortuga andando con constancia y en ascenso.

Ser padre implica:

Liberarla

Afirmarla

Confiar en ella

Sostenerla

Estimularla

Ser ejemplo para ella

Vamos a decirlo de un modo sencillo: hay una gran diferencia entre *alabar* y *alentar*.

La alabanza se centra en la *persona*. «¡Oh!, Katherine, ¡eres la niña más hermosa!».

El aliento se centra en el *acto*. «Katherine, he notado que trabajas duro por verte siempre bien. Aprecio el esfuerzo, y tu madre me dijo que la pone muy contenta también». ¿Qué toma tu hija de estas pocas palabras? *¡Guau!, mi padre me ve. Y es genial que también hace que mi madre se sienta bien. Aun mejor, ambos hablan de mí de un modo grandioso.*

Padre: tú solo usaste la maravillosa técnica de «chisme bueno» (transmitir algo lindo que alguien más dijo acerca de tu hija). Da un buen golpe. Piénsalo. Si un compañero de trabajo te dijera que tu jefe dijo que estabas haciendo un gran trabajo y que estaba impresionado, ¿eso no te haría sentir bien? ¿No trabajarías un poco más duro ese día? ¿El sol no brillaría un poco más intensamente al salir en tu horario de almuerzo?

Ahora, déjame preguntarte: ¿cuántos minutos de tu día te quitó? Si hablas rápido, apuesto a que menos de un minuto. ¡Aún te quedan 1.439 minutos para usar en tu día! Pero lo más probable es que nada de lo que hagas o digas ese día tenga el impacto a largo plazo de ese minuto con tu hija.

Los pequeños empujoncitos solo toman un momento pero duran toda una vida.

A tu hija no le importa lo que sabes, hasta que sabe que te importa.

> A tu hija no le importa lo que sabes, hasta que sabe que te importa.

Unas pocas palabras, un simple brazo sobre sus hombros, un abrazo, un «buen trabajo», una nota... todas esas pequeñas cosas se apilan en una montaña de estímulo en la vida de tu hija.

Paternidad basada en la gracia

Shelli era una niña responsable de once años. Siempre cumplía con su tarea y con lo que necesitara llevar a la escuela. Pero durante la primera semana de sexto grado todo se desmoronó. Un día Shelli dejó su almuerzo sobre el mostrador en su casa. Al día siguiente olvidó su tarea de matemática. El próximo día solo llevó dos de los tres elementos que necesitaba para su proyecto de ciencias. Su padre Matt es un primogénito, y un perfeccionista. No creo que ese hombre salga jamás por la puerta sin su traje puesto, y cada cabello en su lugar. Pero como su esposa estaba viajando por trabajo, Matt era quien recibía los pedidos de ayuda de su hija. Decir que estaba molesto es un eufemismo. Cuando Matt estaba en el trabajo como director ejecutivo, estaba en el trabajo, y nadie lo interrumpía. Pero también tenía una asistente lista que le apuntaba lo que era más importante: que preservase su relación con su hija.

Cuando se calmó, Matt se dio cuenta de que su hija estaba en una de las mayores transiciones de su vida. Estaba ingresando a la escuela secundaria, donde no tenía un único salón de clases, sino salones y requerimientos diferentes para cada materia. No es de extrañar que la niña estuviera confundida. Estaba haciendo malabares. Esa situación le recordó a sí mismo cuando tomó el cargo de director ejecutivo en la compañía de ingeniería, y se sentía constantemente abrumado por las responsabilidades. Esa tarde cuando Matt la buscó en el colegio, tuvo una conversación con Shelli totalmente diferente al «machacarla por arruinarlo» que había pensado antes.

«La escuela secundaria sí que es diferente, ¿verdad, Shell? Demasiadas cosas que atender...», dijo él casualmente mientras conducía a casa.

Ella se desplomó en el asiento y asintió. «Sí, es duro».

«Me recuerda a cuando tomé el cargo de director ejecutivo, tú estabas en tercer grado. Había mucho por hacer y yo siempre me sentía como si estuviera arruinando las cosas en casa y en el trabajo. Y a veces lo hacía».

Shelli se sentó erguida, como alarmada. «¿De verdad?».

«Seguro que sí. Nadie es perfecto, y yo ciertamente no lo soy».

Ella estuvo callada un minuto y luego simplemente dijo: «Increíble».

Matt continuó. «Una de las cosas que me ayudó fue hacer una lluvia de ideas junto a un hombre en el cual confiaba, para ver modos de hacer que todo funcione. *Mmm*, tal vez tú y yo podríamos hacer lo mismo. ¿Hay algo que pudiera facilitarte todo lo que tienes que atender en la escuela secundaria?», propuso.

Ella miró sorprendida. «Eh, bueno, he estado pensando... si tuviera una de esas pizarras que se borran, con los días y las semanas marcados, de modo que pudiera escribir en ella, eso ayudaría».

Él sonrió. «Suena como un buen plan. ¿Quieres parar en una librería? Hay una de camino a casa. Puedes comprar lo que quieras y yo lo pagaré. Lo que sea por mi niña».

Ahora piensa en lo diferente que pudo haber sido esa conversación si Matt hubiese ido con su primera reacción y despotricado, diciéndole a su hija lo fracasada que era por no recordar las cosas.

Todos cometen errores. Todos lidian con transiciones. A veces lo que tu hija más necesita es que le des un respiro.

Se denomina paternidad basada en la gracia. Tu hija olvida un libro importante en la escuela, y la llevas para recogerlo. ¿Haces eso todo el tiempo? No, porque los niños necesitan responsabilizarse de sus actos.

> A veces lo que tu hija más necesita es que le des un respiro.

Eso se llama ser un padre que da gracia. Cuando tu hija se olvida y deja un libro importante en la escuela, la llevas allí para recogerlo. ¿Lo haces todo el tiempo? No, porque los hijos tienen que ser responsables por sus acciones. Esa es la mejor manera de aprender aunque el proceso pueda ser doloroso. Pero a veces necesitan darse mutuamente gracia y espacio para maniobrar. Piensa en las veces en las que perdiste los estribos y le dijiste a tu hija algo que desearías no haberle dicho, y ella te perdonó. Ahora, eso es gracia: obtener algo que no mereces. ¿No debería poder contar ella también con lo mismo de tu parte cuando tiene un mal día, o varios seguidos?

Combatiendo el perfeccionismo

De todas las personas en este planeta, las mujeres jóvenes son las que comprenden más que nadie los estragos que puede causar el perfeccionismo. El deseo de estar siempre bien, siempre hermosa, siempre inteligente, ser siempre popular, y ser siempre perfecta ha devastado más a la población femenina que cualquier otra cosa que conozca. Conduce a la anorexia, la bulimia, la depresión, y los intentos de suicidio, entre otras cosas.

Hoy el margen de error para las mujeres es demasiado pequeño. Si ella sube de peso dos kilos en un estirón de crecimiento, se quejará con sus amigas: «Me estoy poniendo gorda». Si solo obtiene B en sus calificaciones, se comparará con alguien que obtuvo mayoría de A y pensará: *Soy tan tonta*. Si nadie la invita como pareja al baile de bienvenida, pensará que es fea y que no le agrada a nadie. Las muchachas tienden a amplificar sus defectos y asumir que otros de algún modo viven vidas perfectas. Pero aun las supermodelos tienen mal aliento en las mañanas, se les enreda el cabello y alguien tiene que aplicarles maquillaje de la manera adecuada para resaltar sus rasgos naturales. Nadie se atreve a poner su fotografía en una revista si no está completamente producida. He incluso así, al final la retocan hasta la perfección. Sin embargo, la mayoría de las adolescentes todavía se comparan con estos estándares de belleza imposibles.

Es por eso, papá, que es crítico que tú aceptes a tu hija *tal cual es*. Necesita un hombre que la ame, la afirme, se relacione con ella, y la enaltezca sin importar si ella es torpe, usa pantalones talla doce en una escuela llena de cuerpos talla seis, o si es la feíta de su grupo de amigas.

> Hoy el margen de error para las mujeres es demasiado pequeño.

Toda muchacha anhela ser vista por quien es, aceptada por quien es, y valorada por quien es. Es una de las razones por las cuales el video musical «You Belong to Me» [Tú me perteneces], de Taylor Swift, se convirtió casi instantáneamente en un éxito en Estados Unidos entre niñas de ocho años en adelante. Las muchachas menos agraciadas ahora podían soñar con el día en que ese muchacho dulce y guapo de la escuela miraría más allá de sus camisetas y zapatillas deportivas, vería el tesoro que son y se daría cuenta: *Lo que he estado buscando ha estado aquí todo el tiempo.* Luego ese joven dulce y apuesto, por supuesto, dejaría a su novia porrista y decidiría: «Tú me perteneces».[1]

Compara eso con uno de los últimos videos de Taylor Swift, «I Knew You Were Trouble» [Sabía que eras un problema], que describe a una joven que se sintió atraída hacia el tipo equivocado de muchacho y como resultado «perdió su equilibrio». El comentario al final del video es enigmático: «No sé si sabes quién eres hasta que pierdes a quien eres».[2]

¿Tu hija sabe quién es? ¿Qué tipo de reflejo de sí misma ve en los ojos de su papá? ¿Sabe que siempre estará a tu lado y que tú nunca la consideras una persona promedio? ¿Que la valoras y la aprecias?

Esa es la razón por la cual mi amigo Evan le dijo a su hija en la primera semana de su primer año de secundaria: «¡Excelente!, hiciste un muy buen trabajo combinando tu atuendo. Te ves realmente artística, tal como eres. Eso tiene que hacer girar las cabezas de algunos muchachos en la escuela», y le guiñó el ojo.

Por supuesto, recibió la respuesta que es prácticamente la firma de las adolescentes: «¡Páaaaa!». Pero interiormente ella pensaba: *Genial. Me veo bien. Mi papá piensa que me veo bien. Tal vez otros chicos también lo hagan.* Y para una niña que está comenzando la secundaria, eso le dio el empujón de confianza que necesitaba para adentrarse en territorio nuevo con su cabeza bien en alto.

Padre inteligente. Esa niña no va a caer ante ninguna broma tonta de algún estudiante lujurioso de último año.

¿Qué puede hacer un padre para ayudar a su hija en un mundo tan perfeccionista?

Enseñarle cómo fracasar... bien

Quiero que mis hijas sepan que mi aceptación es incondicional. Triunfen o fracasen las amaré igual a cada una. Mi amor y aceptación no se basan en que ellas sean las más lindas, las más atléticas, las más encantadoras, las más listas, y ciertamente no las más delgadas. Todo lo que pido es que, en lo que sea que decidan hacer, den lo mejor de sí. Si triunfan, maravilloso. Si fracasan, pueden fracasar bien. Y con eso quiero decir que pueden hacerlo con una buena actitud y evaluar lo que han aprendido a lo largo del camino.

¿Tu hija tiene libertad para fracasar? ¿O esperas que gane siempre? ¿Siente tu amor incondicional, sin importar lo que pase? ¿O hay decepción, verbal o no, que la machaca? Tristemente, demasiadas muchachas se consideran fracasos porque nunca lo lograron del todo ante los ojos de su padre. Ellas vieron o sintieron su juicio, decepción y crítica, e internalizaron el mantra de que no tienen nada que ofrecer al mundo. No podían estar más equivocadas.

Todos somos imperfectos. Nadie puede acertar cien de cien siempre. Pero mira a tu alrededor. Dios está usando a un montón de personas imperfectas para dejar marcas positivas en este planeta.

> ¿Tu hija tiene libertad para fracasar? ¿O esperas que gane siempre?

Thomas Edison no logró hacer bien la bombilla de luz la primera vez. Tuvo que fracasar, y fracasar, y fracasar (de hecho, más de mil veces) antes de tener éxito. Muchas personas pensaron que a Thomas Edison no le llegaba agua al tanque, y que a Albert Einstein, quien desarrolló la teoría de la relatividad, le faltaban algunos caramelos en el frasco. Un montón de otras personas brillantes también fueron discriminadas.

Incluso el grande del baloncesto, Michael Jordan, experimentó su fracaso. Como dice él mismo: «He errado más de 9.000 tiros en mi carrera. He perdido casi 300 juegos. Veintiséis veces me confiaron el tiro ganador del partido y lo erré. Fracasé una y otra vez en mi vida. Y es por eso que triunfé».[3]

Tu hija merece la misma oportunidad de fallar para que luego pueda triunfar. Algunos pueden discriminarla, pero si su padre cree en ella todavía puede volar alto.

Lo que el fracaso es realmente

«Solo aquellos que se atreven a tener grandes fracasos terminan consiguiendo grandes éxitos». —Robert F. Kennedy

«Lo intentaste. Fracasaste. Da igual. Prueba otra vez. Fracasa otra vez. Fracasa mejor». —Samuel Beckett

«El fracaso es una gran oportunidad para empezar otra vez con más inteligencia». —Henry Ford

«Cada strike está más cerca del próximo jonrón». —Babe Ruth

Presume tus fracasos

Si quieres que tu hija conviva bien con sus fracasos, mejor confiesa los tuyos. Contarle historias a tu hija acerca de ti mismo y de las cosas ridículas, alocadas y estúpidas que has hecho en la vida no solo es entretenido y divertido; es una gran manera de aliviar la presión interna de tu hija. Esto es de gran importancia con las primogénitas y las hijas únicas, que tienden a ser perfeccionistas y sienten una tensión interna pensando que deben hacer las cosas con exactitud para agradar a papá.

Muchos papás trabajamos duro para permanecer subidos en nuestros pedestales. Francamente pienso que es una de las cosas más dañinas que puedes hacer como padre. Después de todo, si tu hija nunca ve cómo manejas el fracaso, ¿cómo puede aprender a lidiar de manera positiva con el suyo?

Honestamente creo que una de las razones por las que mis libros han hecho tanto bien a muchas personas, y me han pedido que participe en tantos programas televisivos, es porque no tengo el aspecto de un típico psicólogo. Si me ves caminando por la calle sin identificarme, nunca adivinarías mi profesión. Cuando hablo con las personas soy un tipo normal y comparto mis fracasos al igual que las cosas que he aprendido y hecho bien a lo largo de la vida.

El mismo principio aplica a la paternidad. ¿Eres un tipo normal con tus hijos? ¿O tratas fuertemente de parecer perfecto ante sus ojos?

Jane, de trece años, tiró su lápiz. «Soy estúpida», le dijo a su padre. «Todos los demás entienden matemática, pero yo no logro hacerlo. Sin importar lo mucho que lo intente». Rompió en llanto, corrió a su cuarto, y cerró la puerta de un portazo.

Su padre, Alan, la comprendía más de lo que ella suponía. Él fue a hurgar un poco en el sótano y luego apareció con un fajo de papeles viejos y golpeó a la puerta del cuarto de su hija. «Pensé que te gustaría ver esto», le dijo y se los entregó. Eran sus propios cuadernos y exámenes de matemática de séptimo grado, con calificaciones F y D en color rojo decorándolos por todos lados.

Su hija se quedó mirándolos pasmada.

«Entiendo tu frustración más de lo que crees», dijo con calma, luego dejó los papeles con ella en su habitación.

Casi una hora después su hija entró a la oficina de Alan. «Eh, papá, ¿cómo lidiaste con el hecho de no ser bueno en matemática? Quiero decir, ahora que tienes que usarla todo el tiempo para tu trabajo, ¿no?».

Alan pudo compartir con su hija cómo se sintió estúpido y fracasado todo el tiempo hasta segundo año de secundaria, cuando finalmente tuvo una profesora que lo llevaba a solas y pacientemente trabajaba con él durante una hora diaria después del colegio, para ponerlo al día con los principios básicos de la matemática que por alguna razón él no había aprendido.

«Cariño, no eres estúpida», le explicó. «Algunos de nosotros solo tenemos que trabajar duro para entender ciertas materias. Supongo que heredaste tu gen matemático de tu padre. ¡Perdón!», sonrió. «Pero lo bueno es que ahora sé cómo te sientes y podemos hacer un plan para ayudarte».

«¡Gracias, papi!».

Cuando muestras tus fracasos, los fracasos de tu hija son puestos en una perspectiva más realista. Y si necesitan buscar respuestas, pueden buscarlas juntos sin que ella se sienta estúpida o fracasada.

Practica decir: «Lo lamento» y dilo con frecuencia

Soy un psicólogo conductual, así que pensarás que eso me convierte en la persona perfecta para comprender y lidiar con el comportamiento y las emociones de mis hijas sin causar estragos en la población femenina de mi hogar. Pero a veces lo hago muy mal y tengo que decir las dos palabras más difíciles de decir para un hombre: «Lo lamento».

Una mañana Lauren, de tres años, estaba sosteniendo una galletita frente a nuestro perro Barkley y hablando con voz cantarina: «Barkley: ¿quieres un premio?, ¿quieres un premio?».

Krissy y yo pensamos que Lauren se veía tan simpática haciendo eso, que comenzamos a llamarla igual a ella. «Lauren, ¿quieres un premio?, ¿quieres un premio?». «Lauren, ¿quieres un premio?, ¿quieres un premio?».

Sin decir una palabra, Lauren se bajó de su banquito y dejó la habitación.

«Oh, oh», dijo Krissy. «Me parece que no se fue muy bien».

Fui hasta el cuarto contiguo y miré mientras Lauren me daba «la mirada» (la misma que me dispara mi esposa cuando estoy en grandes problemas). Al acercarme a Lauren ella retrocedió y lentamente se acercó a las escaleras. Di un paso más y ella retrocedió otro. El proceso continuó hasta que ella llegó al descanso. Bajó las escaleras rápidamente y corrió hasta la habitación de abajo, entró y trabó la cerradura de la puerta.

Krissy, siendo la pacificadora que es, trató de calmar a Lauren desde afuera de la habitación con la puerta cerrada. «No nos estábamos riendo de ti. Pensamos que te veías muy simpática y adorable, eso es todo». Con ese tono inconfundible que solo puede poner un niño ofendido, Lauren finalmente dijo: «Necesitan disculparse».

> Lauren me daba «la mirada» (la misma que me dispara mi esposa cuando estoy en grandes problemas).

«Lo lamento Lauren. De verdad».

«No, debes escribirlo».

Recuerda que Lauren tenía solo tres años. Ni siquiera sabía leer todavía pero Krissy obedeció dócilmente.

Aun así Lauren no abría la puerta. «Papi necesita disculparse también», dijo desde adentro de la habitación.

Fui hasta abajo y dije mi parte, pero la abogada Lauren me repitió lo mismo. «También necesitas escribirlo».

Tomé un pedazo de papel y escribí: *Lauren, lo lamento mucho. Te amo. Papi.*

Solo después de que las dos notas con las disculpas fueron deslizadas por debajo de la puerta, Lauren estuvo dispuesta a salir de su habitación y estar nuevamente cara a cara con cada uno de nosotros.

Ahora soy la clase de hombre que necesita una esposa que sabe decirle la diferencia entre una llave francesa y una llave inglesa. Ni siquiera puedo distinguir un carburador de un arranque. Pero una de las cosas en la que soy muy, pero muy bueno (debería, ya que tuve mucha práctica) es diciendo «lo lamento» a los miembros de mi familia. Soy una prueba viviente de que esas palabras son esenciales y poderosas para establecer una relación de confianza entre un padre y una hija.

Hay veces en que ni siquiera me di cuenta de que lastimé a una de mis hijas hasta después del hecho. Luego «la mirada» me dijo instantáneamente que estaba en problemas. Pero apenas reflexiono sobre el incidente, me disculpo inmediatamente. Es asombroso ver cómo una simple disculpa puede derretir la resistencia de tu hija y mejorar tu relación.

Si para ti es bastante difícil pronunciar esas palabras, practica decir la frase la próxima vez que te estés afeitando. Comienza con: «Lo...», y date una pausa de diez segundos. Luego di: «... lamento». La siguiente vez acorta la pausa a ocho segundos, luego seis segundos, cuatro segundos, luego une las dos palabras. «Lo lamento», dicho rápidamente, será una de las herramientas más valiosas que aprenderás a usar como padre.

Cuéntales tus situaciones embarazosas

Todos vivimos situaciones embarazosos. Son parte de la vida. Aprender el modo de manejarlas es crucial en la batalla de tu hija contra el perfeccionismo. «Chicas, no van a creer lo que me pasó», les dije a mis hijas luego de haber participado en una parte del programa de Geraldo Rivera. Les comenté que una vez finalizado el programa, su esposa, Cece, sus padres y yo estábamos en el camerino de Geraldo conversando acerca de lo que yo había compartido en el programa acerca de la crianza. Cece estaba intrigada. Cuando Geraldo entró al camerino, yo inmediatamente pude captar en su rostro lo primero que pasó por su mente: *Pensé que había terminado con este hombre. ¿Por qué sigue por aquí?*

«¿Qué pasó después?», quisieron saber mis hijas.

> «Chicas, no van a creer lo que hice».

«Por accidente tiré la cerveza de Geraldo al piso».

«¡No!».

«Sí, la botella se rompió y derramó toda la cerveza por el piso».

Se rieron tanto que pensé que tendrían que hacer un viaje de emergencia al baño. «¿De verdad?», rieron. «¿Volcaste la cerveza de Geraldo en el piso de su camerino?».

«Oh, sí que lo hice. Era una Heineken».

Nuestra familia se rio un buen rato. «No puedo creer que volcaste la cerveza de Geraldo Rivera», continuaban diciendo.

¿Por qué compartí esta historia embarazosa con mis hijas? Porque los niños de escuela secundaria y la preparatoria (incluso la escuela primaria) suelen vivir con un temor inmenso de ser avergonzados. Para muchos lo peor que puede pasarles es que se rían de ellos o hacer algo tonto. Esto es muy real en las hijas. Sus frágiles psiquis pueden estremecerse por el lapso de una semana a causa de un comentario.

Para mí llegó a ser algo común contarles a mis hijos las situaciones en las que había quedado muy mal parado. Allí estaba yo en el camerino de una celebridad, ¿y qué hizo el delicado doctor Leman? ¡Derramó por el piso toda la cerveza del presentador de televisión!

Así que, padre, cuéntales historias. No te guardes ninguno de los detalles autoincriminatorios. Es una gran terapia para los niños poder reírse juntos con sus padres. Les muestra que no solo está bien que nos riamos de nosotros mismos, sino que también es una respuesta saludable a las situaciones embarazosas.

Mis hijos saben todo acerca de mis debilidades, incluyendo el hecho de que soy claustrofóbico y tengo que sentarme en la primera fila de un avión, o esta sensación extraña comienza a hacer un cosquilleo en mi espalda y entro en pánico total.

Todos fallamos algunas veces y vivimos situaciones embarazosas. Comprender esas realidades y verlas ejemplificadas en la vida del padre, el modelo masculino que más respetan, es de mucha importancia para poner estos momentos no deseados en la perspectiva correcta cuando pasan.

A pesar de haber derramado la cerveza de Rivera en el suelo, la vida continuó, con apenas un tropiezo.

No midas su éxito por sus logros

Cuando Holly se fue por primera vez a la universidad, nuestra primogénita que solía traer a casa excelentes calificaciones, comenzó a sacarse todas notas bajas. Años después, cuando alguien le preguntó cómo reaccioné, dijo: «Papá no lo sobredimensionó. Su actitud fue más "son tus calificaciones y es tu vida; si estas calificaciones no son lo suficientemente buenas, afrontarás las consecuencias u obtendrás las recompensas"».

A lo largo de su educación, marqué en mis hijas la impronta del valor de la buena educación. Pero nunca les hice creer que lo único que importaba eran las calificaciones. De hecho, a veces me inclinaba más hacia la otra dirección. Cuando mis hijos traían sus libretas, sabían que prestaría más atención a los comentarios escritos por la maestra que a las calificaciones en sí. Quería que mis hijas supieran que al final lo que importa es el tipo de persona que eres, no las cosas que haces. ¿Pero cuántas familias pasan cada día de la semana corriendo de la escuela al fútbol, a las niñas exploradoras, al karate, a las lecciones de música, y a quién sabe cuántas cosas más, todo en nombre de darles a sus hijas una ventaja en la vida? ¿Somos tan adictos a los logros que estamos dispuestos a quedar destruidos nosotros y nuestros hijos en el camino?

Conozco algunos niños de tres y cuatro años que están involucrados en cuatro o más actividades fuera del hogar cada semana. ¿Eso es realmente bueno para el niño? No.

> Al final lo que importa es el tipo de persona que eres, no las cosas que haces.

¿Está bien que tu hija en edad secundaria esté tan involucrada en actividades después del colegio que tú la veas muy poco durante todos esos años, excepto cuando toma prestadas las llaves del auto? No, no lo está.

Tristemente vivimos en una sociedad que mide los logros según lo ocupados que estamos y cuánto podemos hacer. ¿Pero la vida realmente se trata de correr de un lugar a otro? Si estás midiendo los logros de tu hija por la cantidad de cosas que hace, ¿por qué esperarías que ella haga lo contrario cuando se case y tus nietos entren en escena? ¿Y crees que así podrás verlos alguna vez a ellos y a tu hija en tu hogar para la cena navideña?

La actividad frenética le dice a tu hija una cosa: «Pruébate a ti misma». ¿Es realmente eso lo que quieres que crea? ¿Que lo que ella es ahora no es lo suficientemente bueno o no vale lo suficiente? ¿Que tiene que correr continuamente de un lado a otro para demostrar su valor?

Para construir una conexión padre-hija saludable que dure toda la vida, concéntrate en pasar tiempo juntos en lugar de quedar atrapados en la trampa de actividades. Desvíate de tu cronograma habitual para demostrar tu amor. Demuestra tu compromiso. Demuestra tu afecto. Para una hija todas estas palabras se deletrean en una: *tiempo*.

Guía rápida de referencia de un buen padre:

- Reafirma el valor que tu hija tiene por lo que ella es hoy.
- Dale libertad para volar y también para fallar.

ONCE

El tiempo apremia

Tu niña crecerá en un abrir y cerrar de ojos.
Cómo manejar las transiciones y hacer
pequeños ajustes en tus prioridades.

La vida está llena de transiciones, y con hijas cuyas edades varían en tres décadas, me he dado cuenta de que como padre no todos esos cambios me agradarán. Pero eso no significa que no sucederán. Hay una divertida canción de DC Talk que en su letra incluye la frase: «El tiempo está pasando, pasando».[1] ¿No es verdad? Mientras más viejo me pongo, más rápido parece pasar el tiempo. Qué gracioso.

Algún día esa bebé que sostienes en tus brazos comenzará a caminar. Luego correrá... por el pasillo gritando mientras la persigues.

Bailará contigo en la cocina, pero pisando con sus pies los tuyos.

Saldrá hacia preescolar con una pequeña mochila rosa con su personaje de dibujos animados preferido impreso en ella. Limpiarás las lágrimas de tu esposa (y las tuyas) cuando la dejes en su primer día completo de escuela.

Enfrentará por primera vez a un bravucón en la plaza y tú querrás darle su merecido a ese niño.

Obtendrá su primera mala calificación en un examen, y llorará.

Comenzará a usar su primer sostén de entrenamiento... no se diga más.

Se enamorará por primera vez... y le romperán el corazón.

Saldrá tambaleándose por la puerta sobre su primer par de zapatos con tacones.

Y de repente ya estará saliendo hacia el baile de graduación acompañada de un muchacho que la mira con esa mirada seductora que tan bien recuerdas de tus años adolescentes. Recibirá su primer beso de un varón que no es pariente. Y recibirá muchos más si no eres el padre que debes ser.

Luego, antes de que te des cuenta, estará enviando solicitudes a universidades y empacando sus cosas.

Su primera noche fuera de mi techo

Cuando Sande y yo hicimos el viaje hacia la universidad con Holly, mi primogénita, y todas sus cosas en un camión de mudanzas, mi corazón estaba por salirse de mi pecho. La descarga de todo fue demasiado rápida, con la ayuda de muchachos universitarios más que predispuestos, quienes le echaban suficientes miradas a Holly como para correr el riesgo de tener problemas en sus cuellos el resto de sus vidas.

¿Se considerará defensa propia estrangular a un estudiante universitario?, me pregunté sucintamente.

Luego de todo un día de reuniones, pasear por el campus y ayudar a Holly a acomodar su cuarto, anuncié: «Bueno, será mejor que vayamos yendo».

Mi esposa, Sande, me disparó esa mirada que significa: *No te metas conmigo muchachito*. «No podemos irnos todavía. No he hecho la cama de Holly».

Recuerda que esto era la universidad, no el preescolar. Pero cuando tu esposa te dirige ese tipo de mirada, mejor retrocedes si sabes lo que te conviene.

Cinco minutos después, con la cama hecha, no había más excusas. Por primera vez en casi veinte años uno de nuestros hijos dormiría bajo otro techo. Apenas podía

> *¿Se considerará defensa propia estrangular a un estudiante universitario?*, me pregunté sucintamente.

soportarlo. Tampoco mi esposa pero manejó la transición de manera diferente. Observé a Sande abrazar y mecer a nuestra hija de dieciocho años, como queriendo un último momento con su pequeña bebé. En cuanto a mí, mantuve la distancia. Sabía que si no lo hacía, me quebrantaría inmediatamente. ¿Qué hombre quiere ser un tonto llorón en público?

Holly caminó hacia mí. Me abrazó y dijo: «Te amo, papi».

Y eso lo logró. Comencé a llorar... copiosamente.

Ese día, al abrazar a mi hija en el estacionamiento de la universidad, me pregunté a dónde se había ido el tiempo. Recordé cuando la trajimos del hospital, ella medía solo cincuenta y dos centímetros de alto. No quería que ella tuviese frío, así que subí tanto la temperatura de la calefacción que podríamos haber hecho palomitas de maíz en la tina. Controlaba cada diez minutos para asegurarme de que ella estaba respirando. Cuando ella tenía diez años me tropecé con algo en el baño. Parecía ser un sostén, así que asumí que pertenecía a mi esposa, aunque era claramente demasiado pequeño para Sande. Asombrado y con gran curiosidad tomé la cosa y llamé a Sande: «¿Qué es esto querida?».

«El sostén de Holly».

¿Mi Holly tiene un sostén? Cavilé, y luego me sonreí. «Esto se ve como si algún día fuera a crecer y convertirse en un verdadero sostén».

Ahora la misma Holly había crecido lo suficiente como para ir a la universidad. No estaba listo para despertarme cada sábado y no verla sentada frente a su tazón de cereales. ¿Quién se iba a comer los cereales de chocolate? ¿O se echarían a perder? Es curioso lo extraños que pueden ser los pensamientos cuando estamos abrumados emocionalmente.

Después de pedirle a Holly que nos llamara aquella misma noche, por alguna razón que desconozco mi testosterona me sacudió y me hizo salir rápidamente de la universidad. Me subí a nuestro vehículo para volver a casa y realmente de milagro llegamos a salvo porque no recuerdo haber manejado. Esa noche, ya estando en casa, reviví cuando sonó el teléfono y casi derribo a todos tratando de llegar primero para atender. Pero la llamada era de alguien que quería hablar con su hermana.

> Es curioso lo extraños que pueden ser los pensamientos cuando estamos abrumados emocionalmente.

Siete días después, Holly finalmente llamó y nos habló mucho acerca de su primera semana.

Finalmente, no me pude contener más. «Holly, el domingo pasado cuando te dejamos en la universidad, ¿en qué pensabas cuando te alejabas de nosotros?».

«Es curioso que lo menciones», dijo, «porque estuve pensando en eso toda la semana. Lo que pasó por mi mente fue: *Bueno, papá y mamá me educaron realmente bien, y ahora es mi turno, debo hacerlo yo misma*».

Ahora es mi turno, debo hacerlo yo misma. Pensé en sus palabras aquel entonces, y todavía pienso en ellas mientras escribo este libro. De eso se trata ser un buen papá: entrenar a tus hijas en el camino por el cual deberían ir y luego darles el turno.

Unos días más tarde recibí una nota de Holly que incluía estas palabras:

> Gracias por todo tu estímulo, papá. Siempre que me siento desanimada pienso en todas las veces que quisiste renunciar pero no lo hiciste. Nunca olvides lo mucho que significas para mí.
>
> ¡Te amo!
> Holly

Cuando él pide su mano

Había un tono en su voz que me puso sobre aviso. Fue a mediados de octubre de 1998. Un día estábamos viendo atentamente al equipo de fútbol americano de Arizona jugando contra los Washington Huskies. Al término del primer tiempo, Arizona iba ganando y yo estaba de buen humor.

El novio de Krissy, Dennis O'Reilly, decidió que aquel era un buen momento para decirme que se llevaría a mi hija.

De por vida.

Caminé hacia la cocina y me detuve en seco cuando Dennis me preguntó: «¿Puedo hablar un segundo con usted?».

En un abrir y cerrar de ojos las Leman femeninas desaparecieron de la cocina, como si alguien hubiese anunciado la existencia de una plaga allí. Algunas veces puedo ser muy tonto pero mi radar no es tan lento. Sabía que algo estaba pasando.

Dennis fue directo al grano. «Quisiera pedirle la mano de Krissy en matrimonio».

Sonreí. Podía hacerle esto fácil... o difícil. Sabía que todas las mujeres estaban en la habitación contigua escuchando a través de la puerta. Todo lo que tenía que hacer era abrir la puerta y ellas caerían al piso de la cocina. La supuesta conversación «privada» era pública. Decidí facilitar las cosas y le di a Dennis la bienvenida a la familia. Sabía que él se sentiría bien, era muy jovencito cuando su padre murió. Había tenido que dejar los estudios y trabajar en una fábrica por más de tres años para sostener a su familia.

Pero por dentro todavía estaba tragando con dificultad. Recordaba lo poco que yo sabía del asunto cuando me casé con Sande, y eso me hizo mucho más protector de Krissy, la primera de mis pequeñas en encontrar esposo.

Nuevamente, mi esposa y yo estábamos en lados opuestos del espectro en nuestras respuestas. Pensé en mi hija casándose como un capítulo que se estaba cerrando. Sande insistía en que era lo contrario: todo un libro nuevo se abría para ellos y para nosotros.

Qué hacer y qué no hacer cuando se casa tu hija

- No preguntes qué hará para la cena (especialmente si no sabe cocinar).
- No te pongas del lado de ninguno de los dos cuando exista un desacuerdo. Memoriza las palabras: «Estoy seguro de que pueden manejarlo; estoy seguro de que lo resolverán». Eso te mantiene fuera de la línea de fuego y muestra tu expectativa positiva y confianza en ellos como pareja.

- Cállate hasta que te pregunten.
- No les des dinero, a menos que pidan ayuda.
- No te metas, ocúpate de tus propios asuntos.
- Pregúntales si pueden visitarlos durante las vacaciones. No les informes que van a ir.

Cuando ella dice: «Sí, quiero»

Si eres un padre que ha casado hijas sentirás un escalofrío aterrador cuando te diga que tengo *cuatro* hijas. Hasta la escritura de este libro he acompañado a tres hasta el altar y aún vivo para contarlo. Si piensas que es más fácil después de la primera, estás absolutamente equivocado. Mi familia ha desarrollado una nueva palabra en mi honor: *retroceso.*

El 27 de marzo de 1999 los suministros de pañuelos desechables bajaron enormemente en Tucson, Arizona, cuando Krissy Leman cambió su nombre a Kristin Leman O'Reilly. Pero las semanas previas fueron igual de desafiantes.

«Hablemos de la boda y hagamos llorar a papá» se convirtió en el nuevo deporte familiar.

Krissy me mostró las invitaciones a la boda. Lloré.

Modeló con su vestido para mí. Lloré aun más.

Durante semanas escuchó diversos temas musicales para elegir la música de ingreso para la ceremonia. Finalmente eligió una pieza de trompeta llamada «Trumpet Voluntary». Escuché dos compases de la composición y me perdí. Escuchar esa pieza me nubla la vista aún hoy.

«¿Estarás bien, papá?», me preguntó Krissy. Era perfectamente entendible que ella estuviera consternada.

«Hijita, tengo un objetivo: caminar hasta ese altar. Después de eso, estás sola. Estaré muerto para el mundo», logré decir.

Entonces me hizo comenzar a practicar con ella en casa. De repente, mis rodillas se convertían en un tazón de avena y ella era la que debía sostenerme.

«¿Has considerado una silla de ruedas?», bromeé. «Tal vez puedas empujarme hasta el altar».

Preocupada porque su padre hiciera el ridículo en el día más importante de su vida, Krissy recurrió a algunas tácticas psicológicas. Trató de «desensibilizarme», haciéndome ver *El padre de la novia*, una comedia protagonizada por Steve Martin, acerca de un hombre sobreviviendo a la boda de su hija. El título y los créditos comenzaron a pasar, y me quebré.

«Retroceso mayor», logré decir.

«Realmente pensé que pasaríamos los créditos», diagnosticó la doctora Krissy Leman. «Estás peor de lo que creí».

Ahora sé que sus dos hermanas que han caminado conmigo hasta el altar (Hannah y Holly) coinciden totalmente con ella. Tuve un retroceso mayúsculo con sus bodas también.

Sande fue lo suficientemente lista como para insistir que lea antes de tiempo, en el programa, las palabras que Krissy me dirigiría:

A mi papá... Desde mis primeros pasos hasta acompañarme hasta el altar, siempre has sostenido mi mano, y siempre te llevaré en mi corazón. Te amo.

Para cuando llegó el fin de semana de la boda de Krissy, yo estaba adormecido. Podía identificarme perfectamente con Steve Martin en *El padre de la novia*. Tenía calambres en las manos por escribir tantos cheques, incluyendo uno por un pastel que costaba $4,50 la porción, flores, y hasta una escultura de hielo que apareció misteriosamente. Pero al juntarnos en la iglesia para el ensayo, pude ver a las personas que más atesoro reunidas en el mismo lugar:

Krissy, la novia

Lauren, nuestra más pequeña, como damita

Hannah, nuestra primera hija «sorpresa», como dama de cortejo

Kevin II, nuestro hijo, como padrino

Holly, como dama de honor

Sande, mi radiante novia desde hace treinta y dos años, brillando mientras veía interactuar a nuestra feliz familia.

No pude evita pensar: *¿Qué más podría querer un hombre?*

En el ensayo del viernes por la noche, sabiendo lo idiota llorón que soy, mi familia planeó una sorpresa para mí, para suavizar el momento. Cuando Krissy y yo comenzamos a caminar hacia el altar todos levantaron carteles que decían: *Eres valiente. Puedes hacer esto.*

Cuando levanté la vista hacia el frente, no pude evitarlo. Comencé a reírme.

Toda la vida he sido la fortaleza de nuestra familia. Pero ese día, mi esposa y mis hijos fueron quienes me sostuvieron. Juntos fueron mi fortaleza. La mezcla de sentirme débil y fuerte al mismo tiempo fue una de las experiencias más profundas que jamás he vivido. Ese día me di cuenta de que no hay nada en la vida, absolutamente nada, que pueda tener más sentido para un hombre que invertir el tiempo en su familia y recibir el retorno de esa inversión.

Durante la boda algo maravilloso nació cuando el pastor anunció: «Señor y Señora Dennis O'Reilly». Una vez más sentí los espasmos de alegría y tristeza de las transiciones de la vida. Durante el baile del padre y la novia, Krissy había elegido la canción «Los ojos de mi padre», hecha famosa en ese momento por Amy Grant. Era una canción particularmente significativa para nosotros, ya que todos siempre han dicho que Krissy heredó de mí sus largas pestañas y sus ojos marrón claro.

Durante el baile Krissy y yo lloramos, reímos y lloramos un poco más.

«Ey, Krissy», dije, «siempre hemos tenido un tiempo especial juntos, ¿no es así? Has sido una hija maravillosa. No podría pedir una hija mejor».

«Yo siempre seré tu pequeña niña», me respondió.

Abrazándola fuertemente le susurré mi esperanza de que tuviera el mejor de los matrimonios, y de que ella y Dennis llegaran a conocerse bien y compartieran los altos y bajos de la vida con corazones agradecidos y llenos de fe.

Algo sucedió en ese momento. Había comenzado a dejarla ir desde que anunció su compromiso, pero este baile completó la tarea, al menos hasta donde el corazón de un padre es capaz de dejar ir a una hija. Recordé claramente la primera vez que dejamos a Krissy con una niñera. Unos años después, la dejamos pasar un día entero en la escuela. Lo siguiente fueron las estadías de toda la noche en la casa de la abuela o de alguna amiga. Más tarde vinieron los campamentos de fin de semana y la partida más trascendental a la universidad. Cada ausencia era un paso hacia este camino cuando Krissy ya no estuviera bajo mi cuidado directo.

> Algo sucedió en ese momento.

Estreché a Krissy firmemente, pero cuando la música se detuvo, abrí mis brazos y la dejé ir. Krissy había encontrado un nuevo hogar junto a un hombre en el cual confiaba que la amaría y proveería para sus necesidades el resto de su vida. El mismo joven que había abandonado el colegio y trabajado por más de tres años para sostener a su madre y hermanos tras la muerte de su padre.

Dos noches después de haber llevado a la flamante pareja al aeropuerto, Sande y yo llevamos a Hannah y a Lauren a la cama. Pero esta vez no estaba Krissy para ser arropada.

Sí, era extraño. La vida había cambiado. Nunca más sería igual. Pero la vida seguía siendo buena.

«Bueno», le dije a Sande, «Sobreviví. Logré pasarlo».

Sande se recostó sobre mi hombro. «Y pensar que ahora solo nos queda hacer esto cuatro veces más», murmuró.

Aprovechar tu tiempo de la mejor manera

Me gusta mucho la manera que lo dijo Stephen Covey: «Comienza teniendo el final en mente». Si estás criando a una hija para que algún día sea una esposa, una madre, una profesional, una buena trabajadora, o lo mejor en lo que ella decida ser, necesitas comenzar ahora inculcándole cualidades que la ayudarán a ser exitosa en esos papeles. La mejor cosa que cualquier hombre puede hacer es ser un padre comprometido activa y positivamente con su hija. Hombres: todos tenemos la misma cantidad de horas en el día. Usar esas horas sabiamente es lo más importante.

Entonces, ¿elegirás realizar un proyecto extra en el trabajo y ganar algo más de dinero? ¿O elegirás decirle a tu jefe: «Las horas y el dinero extra suenan genial pero le prometí a mi familia que llegaría a casa»? Papá: tu hija te está esperando, aun cuando parezca que por momentos ella no te presta demasiada atención, especialmente cuando está con amigos.

Leila, una adolescente activa y confiada de catorce años, espera todos las tardes entre las seis y las seis y media el ruido de la puerta de la cochera abriéndose que le anuncia que su papá está en casa. Luego corre hacia la puerta para abrazarlo y contarle acerca de su día. Cuando era más pequeña, solía gatear hasta un gabinete bajo de la cocina para esperar su llegada, y él tenía que «encontrarla», lo que, por supuesto, implicaba buscar primero en todos los demás gabinetes. «Cuando mi papá está en casa me siento feliz y segura», dice Leyla. «Las pocas veces en el año en las que tiene que viajar por su trabajo me inquieto porque el hogar no es el mismo. A veces mamá me deja escabullirme bajo las sábanas y dormir con ella en su cama».

¿Ves lo importante que eres, papá? ¿No vale la pena sacrificar algunas salidas de golf mientras tu hija está creciendo? El hogar no es el mismo sin tu presencia. Para tu hija, tu presencia significa seguridad.

Entonces, si eres un fanático del fútbol, no guardes eso exclusivamente para los varones. Enséñale a tu hija acerca del fútbol. Acurrúcala bien a tu lado y explícale las reglas del juego; conversa con ella acerca de su vida durante los comerciales; prepara tentempiés especiales. «Uno de mis recuerdos favoritos es cuando veíamos *Monday Night Football* con mi papá», dice Megan, una joven de veintiún años.

> El hogar no es el mismo sin tu presencia. Para tu hija, tu presencia significa seguridad.

«Me apuraba para terminar la tarea, porque había llegado nuestra hora. Corría para llegar al sofá primera que todos, para poder sentarme al lado de mi papá, y casi siempre les ganaba el lugar a mis hermanos». El primer experimento culinario de Megan fue hacer una torta de chocolate en forma de balón de fútbol para sorprender a su padre en su cumpleaños.

Si te gusta divertirte con juegos de computadora, enséñale a jugar a tu hija. Luego espera un año o menos, y te vencerá a ti y a tus amigos. El papá de Mia planificó fines de semana de juegos de computadora tres veces al año con sus amigos de la secundaria que seguían viviendo en la misma localidad. Los muchachos fueron, durmieron en sacos de dormir, comieron «comida de hombres», y jugaron a la computadora. A los cuatro años, Mia tenía su propia estación y «jugó» con los muchachos en una sección especial del juego que su padre había bloqueado como segura para ella. Como hija única, Mia ha aprendido el modo de relacionarse con hombres y ha visto cómo se relacionan entre ellos los hombres (aunque podía hacerlo sin el concurso de eructos, dice) gracias a que fue creciendo con este grupo de hombres, que ahora sentía como tíos. A los trece años es una genio de los juegos, y los muchachos no pueden creer que sean vencidos por una mujer. El año entrante irá al colegio secundario, sintiéndose segura al interactuar con muchachos y siendo ella misma, ya que está acostumbrada a estar rodeada de varones.

Así que, échale un vistazo a tu agenda, papá. ¿Hay cosas que haces regularmente y consideras «solo para hombres» en las que podrías incluir a tu hija? ¿Qué actividades que haces solo podrías dejar o disminuir hasta que ella crezca? Mark juega raquetbol en un club con un compañero de trabajo, pero antes recoge a Shelli, su hija de cinco años. Ella observa el partido riendo cuando él pierde una bola, y él reserva unos minutos al final del partido para enseñarle a jugar. Camino a su casa paran a tomar unos refrescos. Shelli, una hija del medio, espera celosamente las noches de los martes con su papá. Hace un mes, prefirió esta actividad antes que una salida con una nueva amiga del preescolar.

Hoy hay un arte perdido denominado «mesa del comedor». Es un lugar en el cual se reúnen los miembros de la familia para intercambiar información y sentimientos. Está diseñada para ayudar a cohesionar a la familia. ¿Qué tan seguido tu familia y tú priorizan la cena juntos, con todos los miembros presentes? En una típica familia estadounidense los miembros toman bocadillos de comida del refrigerador y la despensa en horarios diferentes, o pasan por un local de comidas rápidas para llevar y comen en el camino. Son como barcos pasando que ocasionalmente tocan sus bocinas hacia el otro como conversación. No hay nada como la comida para atraer a las personas a conversar.

> Hoy hay un arte perdido denominado «mesa del comedor».

Todos tienen que comer. ¿Por qué no convertirlo en el mejor y más feliz evento del día al que todos quieran ir?

Planea comidas especiales. Para aquellos que no cocinan puede ser simple. El corazón y la intención detrás de la cena es lo que cuenta. Formula preguntas que lleven a conversaciones divertidas, habla acerca de recuerdos y genera nuevos recuerdos. Más que nada rían juntos. Hay un viejo dicho que dice: «La familia que juega junta permanece junta». Es verdad. Y yo agregaría: «La familia que juega junta y ríe junta permanece junta».

La risa verdaderamente es una buena medicina.

Nuestra cita para cenar

Soy un padre viudo. Sentía que no había visto a mis dos hijas en edad secundaria por semanas, porque todos teníamos horarios diferentes. Te escuché hablar en la radio acerca de la importancia de la mesa del comedor para convocar a la unidad de la familia. Mi primer pensamiento fue: *Pero no sé cocinar.* A pesar de eso, les dije a mis hijas que había planificado una cena especial. Ellas levantaron sus cejas, pero acordamos la cita para una noche de esa misma semana. Si vieras los horarios de mis hijas, sabrías que eso fue un gran logro. Compré comida china, la serví en nuestros mejores platos, desenterré las servilletas de lino de su madre, y encendí algunas velas. Emily y Faith quedaron pasmadas, por lo menos. Esa noche tuvimos una de las mejores conversaciones que jamás hemos tenido. Tres días después, anuncié otra cena familiar. Las chicas entraron a la cocina y quedaron boquiabiertas. Estaba hirviendo tallarines, había hecho una ensalada (¡con más de un ingrediente!), y nuevamente había puesto la mesa con nuestra vajilla más elegante. Sí, comimos salsa enlatada sobre nuestros tallarines, pero no importó. Mis hijas estaban enganchadas. Ahora tenemos nuestras «citas para cenar» dos veces durante la semana escolar y una el fin de semana. Es importante para nosotros. La semana pasada las muchachas me sorprendieron a mí y cocinaron. ¡Hicieron un trabajo mucho mejor que el mío! Y lo que es más importante: nos estamos conectando nuevamente. Sé que su madre nos mira desde el cielo sonriendo.

—Jerry, Ohio

Si quieres que algo sea diferente en tu conexión padre-hija, el tiempo de empezar es ahora. ¿Hay demasiadas actividades en tu vida y la de ella que los mantiene separados? Si es así, es hora de dejar de lado los cronogramas y salir juntos.

¿Tu ojo crítico le está diciendo a tu hija: «No eres lo suficientemente buena y nunca lo serás»? Entonces es tiempo de que te examines detenidamente, al igual que a tus expectativas. Para que cambie tu relación, primero debes cambiar tú. Luego necesitas disculparte con tu hija. Dile que recién ahora te diste cuenta de lo que estás haciendo (criando del mismo modo en que lo hizo tu padre o madre críticos) y que trabajarás duro para cambiar. Pídele que te responsabilice de hacerlo, y quedará con la boca abierta.

Si ves áreas en la vida de tu hija que quisieras que cambien, comienza siendo tú mismo un buen ejemplo en esas áreas. Pásale esos avisos comerciales. Por ejemplo, digamos que escuchas a tu hija burlándose de otros niños de la escuela con sus amigos. Si la confrontas sabes qué te dirá: «¿A ti qué te importa? Es asunto mío».

En lugar de eso despliegas una maniobra de padre inteligente. En la cena dices casualmente: «Hoy aprendí algo acerca de mí. Durante el tiempo de descanso me encontré hablándole mal de un compañero a otro compañero... justo cuando había prometido no volver a hacerlo. Es difícil cambiar los viejos hábitos, pero estoy decidido a trabajar en este asunto». Declaraciones como esa dejan pensando a tu hija porque tú, papá, a sus ojos caminas sobre el agua. Ahora mismo lo está procesando. *Espera un minuto. ¿Quieres decir que mi papá lucha con las mismas cosas que yo?* Es más probable que ella te admita sus problemas si no te pones en un pedestal de «soy perfecto».

¿Esperas lo mejor de tu hija? ¿Confías en ella? ¿Se lo haces saber con tus palabras y tus acciones? Una de las cosas más complicadas acerca de la paternidad es aprender cuándo mantener cerca a nuestras hijas y cuándo dejarlas ir. Es un proceso continuo. El mayor logro que puedes emprender es preparar a tu hija (la próxima generación) para quedar a cargo de su mundo. Así que dale un buen comienzo:

- Concéntrate en la relación que más le importa: tu conexión padre-hija.

- Haz lo que puedas y no te lamentes por lo que no puedes.
- Vive tú mismo un estilo de vida disciplinado y equilibrado.
- Comparte con ella tu perspectiva masculina.
- Mantente quieto y calmo en el fragor de la batalla entre aquellas del género femenino.
- Mantén a raya tu ojo crítico.
- Recuerda que tu hija no necesita cosas, te necesita a ti.
- Aliéntala y afírmala.
- Haz los ajustes necesarios en tus prioridades para aprovechar de la mejor manera el tiempo que tienes en esta tierra.

Los hechos simples son estos:

No necesitas un doctorado para descifrar a tu hija, pero sí necesitas un oído atento.

No necesitas permanecer despierto en las noches pensando en lo que no puedes darle a tu hija. En lugar de eso dale lo que sí tienes en abundancia: el regalo de ti mismo.

No hay nada que tu hija quiera más que una conexión padre-hija.

Guía rápida de referencia de un buen padre:

- Haz ajustes en tu agenda.
- Genera oportunidades para interactuar con tu hija.

Conclusión

El legado perdurable
de un padre

Dejas una huella imborrable en el corazón de tu hija.
¿Cuál será la tuya?

No hay duda alguna de que los papás tienen un impacto de por vida en sus hijas. ¿Cuál quieres que sea el tuyo? Tal vez seas un padre joven, o alguien que está planeando ser papá pronto, o uno que peina algunas (o muchas) canas. Tal vez seas uno de esos padres que han sido capaces de dar a su hija con la potencia de un motor de ocho cilindros y solo quieres retocar un poco el carburador. O tal vez te hayas dado cuenta, mientras ibas leyendo este libro, que eres un padre perdido en acción y quieras cambiar la situación. Sin importar dónde te encuentres en la relación, te garantizo que la conexión padre-hija siempre puede fortalecerse. Puedes dejar una huella imborrable en el corazón de tu hija. Puedes dejar un legado perdurable para la próxima generación.

Una sorpresa de cumpleaños que marcó un hito

Esta semana, mientras me encontraba terminando el manuscrito para este libro, marqué un hito de cumpleaños. Un gran hito. Si prestas atención a algunos comentarios y referencias personales que hice de mí en este libro podrás descubrir cuál es este hito. Digo esto porque a los hombres nos gusta resolver problemas.

Por ser el bebé de la familia me gustan mucho las sorpresas y los eventos. Mi familia lo sabe, así que dejan sus actividades rutinarias para organizarse y sorprenderme. Pero la verdad es que yo no tenía idea de lo que ellos estaban tramando, y mi primogénita esposa se encargaba de guardar muy bien el secreto. No podía sacarle una palabra. Incluso me lanzó una bola curva. Agendó una fiesta mexicana para el sábado por la noche (digamos que la comida mexicana no es una de mis favoritas, y dejémoslo ahí) e invitó a algunas personas para engañarme y que creyera que era mi celebración de cumpleaños. Hasta mi editor conspiró con mi esposa para hacerme caer en la trampa, arreglando la entrega durante la fiesta de un enorme ramo de globos multicolores que igualaban en cantidad a mis años. Pero el verdadero asunto en realidad vendría al día siguiente.

Más de cincuenta personas (incluyendo mis cinco hijos y algunos amigos cercanos y colegas) tomaron vuelos desde distintos puntos del país para sorprenderme con gran alboroto en un restaurante local. Yo, Kevin Anderson Leman, estaba tan sorprendido que hasta me quedé mudo por un minuto. Y eso no suele suceder. Mi hijo, Kevin II, ejecutó con maestría el papel de presentador para su interpretación de *Let's Make a Deal* [Hagamos un trato] en la cual entregó premios a nuestros invitados. El plan era que primero Kevin comenzara a compartir lo que yo significo para él y luego sus hermanas se levantasen y también dijeran algunas palabras. Kevin lo intentó en dos ocasiones, pero todo lo que pudo elaborar fueron solo un par de palabras. Él estaba tan emocionado que no pudo decir lo que sentía en su corazón. Pero yo recibí el mensaje: Kevin ama a su papá.

Parte de la celebración fue una presentación en video que nuestra hija Hannah había compaginado. Le había pedido a algunas personas que yo conozco de mis distintas actividades en la vida, que grabaran unas pocas palabras. Cada uno de mis hijos también contribuyó para completar este video. Mientras yo miraba lo que habían preparado tuve otro de esos «retrocesos», como los denomina mi familia. Estaba abrumado al darme cuenta del poder que puede tener una persona sobre las vidas de otras. Y fui honrado al escuchar, de boca de mis hijos, la huella imborrable que marqué en sus corazones.

Cada una de mis hijas mencionó que estaba segura de que *ella* era mi hija favorita y dio sus razones. Todas resaltaron momentos (grandes y pequeños) en los que las hice sentir únicas y especiales. Aquí trascribo algunos de esos momentos que citaron:

HANNAH: cada viernes por la mañana había una caja rosa sobre la mesa con un pastelito relleno de chocolate, y yo sabía que provenía de ti para mí, porque tú sabías que era mi favorito. Atesoro todos mis momentos con mi familia, pero los que más recuerdo son aquellos en los que estábamos solo tú y yo, papi. En una familia tan grande, esos recuerdos son especialmente preciosos. Mi teléfono está programado para decir: «Hija favorita» cuando llamas, porque creo que eso lo dice todo.

HOLLY: soy tu favorita, porque has dedicado mucho más tiempo para conocerme, así que eso automáticamente me da puntos. Cada viernes por la mañana siempre tenías un pastelito relleno de chocolate esperándome en la mesa, porque sabías que era el que más me gustaba. Cuando era muy pequeña me despertabas y me llevabas a pescar contigo. Odio pescar, pero amaba pasar tiempo a solas contigo. Tenías un viejo bote de remos con un motor fuera de borda. Siempre esperaba que arrancara para que pudiéramos irnos juntos. Había una paz, una calma en esos momentos a solas contigo. Nunca antes te dije esto, pero aun hoy, durante esas mañanas grises y con neblina de Tucson, pienso es aquellas hermosas mañanas que pasaba a solas contigo en el lago.

LAUREN: cuando tengo cualquier clase de problema, tú eres la primera persona a la que llamo. Puedo hablar contigo de lo que sea. Aprecio eso hoy aun más, cuando muchos de mis amigos no tienen ese tipo de relación con sus padres. Aprecio el corazón abierto y generoso que tienes, y tu sentido del humor. Siempre me hiciste sentir especial. Cada viernes me comprabas una dona con glaseado y chispas. Sabía que era para mí porque era la única a la que le gustaba, y tú sabías exactamente lo que me gustaba. De hecho, inventé una canción para ti basada en todos esos pequeños momentos que han significado mucho para mí.

KRISSY: cuando escuché que había una competencia para ver quién es tu hija preferida, decidí ir última, porque es obvio que soy yo. Holly es el cerebro, nunca pude competir con su libreta de calificaciones. Lauren es extremadamente creativa, puede inventar algo bueno de la nada. Hannah tiene un corazón compasivo por las personas más carenciadas, y viaja a África, esa tampoco soy yo. Entonces, ¿qué he hecho que no hayan hecho mis otros hermanos? Te hice abuelo. Verte enamorarte de mis hijos y ver a mis hijos enamorarse de ti... ¡Increíble! es algo que no puede describirse. En cuanto a mi propia infancia, tú y yo somos como dos gotas de agua. Me veo igualita a ti, y me pongo muy enérgica como tú. Una de las cosas que más recuerdo es estar sentada en mi clase de séptimo grado y llegando el final del día escuchar que llamaban mi nombre por el altoparlante del colegio. Me indicaban que debía presentarme en la oficina. Cuando llegué tú estabas ahí esperando y me dijiste sigilosamente: «Ey, nos vamos de aquí. Béisbol. Tú y yo». Nos sentamos juntos detrás de la caseta. Hasta el día de hoy, cuando voy y veo a alguien sentado allí, pienso: *Ey, estás en mi asiento.* Crecí allí, detrás de la caseta. Los viernes, todos recibíamos una confitura de parte tuya. La mía era siempre un pastelito de mazapán. Papi, te amo con todo mi corazón. No hay un día que pase sin que le agradezca a Dios por un padre como tú. Así es como sé que soy tu favorita.

Padre: quiero que en este momento imagines que tu hija está preparando un video acerca de ti. ¿Qué te gustaría escucharla decir acerca de tu huella en su vida y corazón? ¿Por qué no haces los ajustes que sean necesarios en tu relación con ella, empezando hoy mismo, con ese final en mente?

Amo a ese hombre

Recientemente recibí uno de los correos electrónicos más conmovedores que jamás haya recibido, y provenía de mi prima segunda, Carol (la hija menor de Carlton, mi primo veinte años mayor que yo). Ella y su familia crecieron a dos calles de mi casa; ahora ella, su esposo Bob, y sus hijos viven en Carolina del Norte. Tengo su permiso para compartir la historia que sigue:

> Kevin, fue genial hablar contigo. Realmente alegra mi corazón escuchar sobre tus hijos. Es tan maravilloso que puedan ser tan unidos y cariñosos. Me hace echar de menos a esos Anderson. [Mi madre era una Anderson, y tenían nueve hijos en la familia.]

Todos los tíos y tías eran tan agradables. Había nueve de ellos. No puedo recordar ni una reunión familiar en la que no hubiera al menos tres de esas ricuras llorando con felicidad. También me hace extrañar mucho a mi papá. Aunque a veces era un poco tosco, él fue un gran padre para mí.

No sé si lo sabías, pero mi padre estuvo en un hogar de ancianos los últimos años. Bob, los niños y yo lo visitábamos todas las semanas. Su pequeña habitación estaba llena con dibujos que los niños dibujaban para su «papa». En aquel entonces mi papá ya no tenía idea de quiénes éramos. A pesar de eso cada vez que íbamos a marcharnos, él lloraba y nos pedía que lo lleváramos con nosotros. Decía que aunque no nos conocía parecíamos gente linda. Me rompía el corazón dejarlo.

El día después de Pascua fuimos a verlo. Le llevé un gran conejo de chocolate y un batido de chocolate (dos de sus cosas favoritas). Cuando entré en la habitación allí estaba él sentado, con la ropa de otra persona (esto era típico) y sus zapatos Velcro puestos en los pies equivocados.

Me senté a su lado y le di los dulces. Su rostro se encendió como el de un niño de cuatro años sentado en el regazo de Papá Noel. Le conté cómo andaban mis niños, aunque él no tenía idea de quiénes eran ellos.

Cuando terminó los dulces tenía la cara llena de chocolate. Mientras yo le limpiaba la cara, él me miró.

De repente me dijo: «Puedes irte. Estoy bien».

Me reí y dije: «No iré a ninguna parte».

Lo dijo nuevamente, pero esta vez como si supiera lo que estaba diciendo. Esto me tomó por sorpresa ya que siempre lloraba cuando me iba.

Le dije: «Está bien», le di un abrazo y un beso y le dije que lo amaba. Mientras me dirigía hacia la puerta para irme, mi

padre me dijo: «¡Qué bueno!, nunca pensé que hoy me trata-
rían así de bien».

Sonreí, le dije que lo vería en unos días y me fui.

Diez minutos después tuvo un ataque cardíaco y murió.

Fui yo a quien llamaron. Estoy segura de que él sabía que iba
a morir y no quería que yo estuviera allí. Mi papá me protegió
hasta el final.

Amo a ese hombre.

Ahora, ¿crees que pude leer ese correo electrónico con mis
ojos secos? ¡De ninguna manera! Lloré copiosamente, pensando
en Carol y Carlton, su padre, un hombre al cual yo también
amaba entrañablemente y que era mi primo mayor favorito, y en
mis propias relaciones con cada una de mis hijas. También quiero
protegerlas hasta el final.

Después de todo eso es lo que hacen los buenos padres.

Pero nota que dije «buenos padres», no «padres perfectos».
Todos fallamos en ocasiones. No soy un padre perfecto, pero soy
un padre involucrado y solícito. No siempre hago lo correcto, pero
me he enfocado en construir mi relación con mis hijos. ¿Y sabes
qué? Ser un buen padre es suficiente. Ha producido cinco asom-
brosos hijos Leman. Estoy muy orgulloso de cada uno de ellos.

Las hijas que están seguras en el amor de su papá podrán
adentrarse con confianza en la vida porque saben que papá está
ahí para ellas, sin importar lo que pase. Los padres que aman a
sus hijas, les brindan confianza, y las estimulan, producen hijas
a las que les va bien en la escuela, que encuentran carreras coin-
cidentes con sus talentos, y que hacen elecciones sociales sabias.

Esas son solo unos pocos de los legados duraderos que tú, y
solo tú, puedes proveer para tu hija.

¿Cuáles serán tus legados?

Guía rápida de referencia de un buen padre:

- Comprométete en la vida de tu hija para permanecer en su corazón.
- Sé cariñoso, firme y equilibrado.
- Tu hija no es un muchacho.
- Tu trabajo es: servir, proteger, defender, tomar riesgos calculados y resolver problemas.
- Conoce y ama a tu hija en su individualidad.
- Hazla sentir especial.
- Conserva la calma.
- El equilibrio siempre gana el juego.
- Cuenta historias.
- Construye tu relación.
- Mantente tranquilo.
- Apoya a mamá.
- Afirma en lugar de señalar defectos.
- Di: «Te amo» siempre y a menudo.
- Di: «Lo siento. Perdóname, por favor».
- Traza un plan para reconectarse.
- Vive lo que dices.
- Conviértete en el tipo de hombre con el que quisieras que se case tu hija.
- Reafirma a tu hija por ser quien es.
- Dale libertad tanto para fallar como para volar.
- Haz ajustes en tu agenda.
- Crea oportunidades para interactuar con tu hija.

Las veintiocho características de un buen padre

Abierto a sugerencias de cómo ser un mejor padre.

Alentador.

Ama incondicionalmente.

Auténtico.

Buen ejemplo.

Conectado de corazón con su hija.

Confiable.

Conoce a sus patitos.

Dice sí todas las veces que puede. Reserva el no solo para lo imprescindible.

Disciplinado en su propio estilo de vida.

Disponible.

Equilibrado.

Espera lo mejor.

Firme y calmo en el fragor de la batalla.

Focalizado en objetivos a largo plazo.

Hombre, no gallina.

No crítico.

Nunca perdido en acción.

Nunca prioriza el trabajo por sobre la familia.

Oidor efectivo.

Permite que su esposa haga lo que mejor hace y actúa como su ayudante y complemento haciendo lo que mejor hace él.

Prioriza las relaciones por sobre las reglas.

Protector.

Siempre disponible.

Siempre tiene un lugar en su corazón para su hija.

Solícito.

Valora su presencia por sobre los obsequios.

Vive lo que dice.

Notas

Capítulo 1: La relación que más importa

1. Mark Robinson, «The Importance of Engaging Fathers In Social Work Practice», ponencia dada en la convención de la North American Association of Christians in Social Work, octubre 2012, p. 3.
2. Si quieres saber más de los efectos (incluyendo abuso infantil, obesidad, abuso de drogas y alcohol, y educación), lee más de este asombroso estudio en «Father Facts: Statistics on the Father Absence Crisis in America», National Fatherhood Initiative, http://www.fatherhood.org/media/consequences-of-father-absence-statistics.
3. Nancy Fowler, «Joblessness, Jail, Death Keep Many Black Fathers out of the Picture», The Art of Fatherhood, 20 julio 2012, https://www.stlbeacon.org/#!/content/26059/black_fatherhood_071612.

Capítulo 2: Los padres lo hacen ~~mejor~~ diferente

1. «Cuidado mis ojitos al mirar», autor desconocido, http://ganaralmas.blogspot.com/2010/10/coritos-ilustrados-cuidado-mis-ojitos.html.

Capítulo 3: Conoce a tus patitos

1. Eckhard H. Hess, «"Imprinting" in Animals», *Scientific American* 198, no. 3 (marzo 1958): pp. 81–90, http://www.columbia.edu/cu/psychology/terrace/w1001/readings/hess.pdf.
2. Ibíd.
3. «Imprinting», AnimalBehaviour.net, http://animalbehaviour.net/Imprinting.htm.
4. Ibíd.

Capítulo 4: Caminando por la barra de equilibrio

1. Lisa Belkin, «Your Lying, Cheating, Stealing Teens», Motherlode (blog), *New York Times*, 3 diciembre 2008, http://parenting.blogs.nytimes.com/2008/12/03/dirty-rotten-teenage-scoundrels/?_php=true&_type=blogs&_r=0.
2. Lisa Belkin, «Calling the Cops on Your Child», Motherlode (blog), *New York Times*, 24 marzo 2009, http://parenting.blogs.nytimes.com/2009/03/24/calling-the-cops-on-your-child/?_r=0.
3. Sir Walter Scott, «Marmion: A Tale of Flodden Field», *Canto Sixth: The Battle* (Nueva York: Houghton Mifflin, 1884), p. 287.

Capítulo 5: Los pájaros, las abejas y «la Charla»

1. Génesis 2.
2. «Abduction Prevention», C.A.T.C.H. Resources, Inc., http://www.wcmckids.org/index.html.
3. Adoree Durayappah, «5 Scientific Reasons Why Breakups Are Devastating», The Blog, Huffpost Healthy, 23 febrero 2011, http://www.huffingtonpost.com/adoree-durayappah-mapp-mba/breakups_b_825613.html.

Capítulo 7: El ojo crítico

1. Robert Mark Kamen, Mark Miller y Harvey Weitzman, *Un paseo por las nubes*, dirigida por Alfonso Arau (Los Ángeles: 20th Century Fox, 1995).
2. Felix Salten, Perce Pearce y Larry Morey, *Bambi*, dirigida por David Hand (Hollywood, CA: Walt Disney Studios, 1942).
3. Gail Sheehy, *Hillary's Choice* (Nueva York: Ballantine, 2000), p. 22.
4. Ibíd., pp. 28, 22.
5. Hillary Rodham Clinton, *It Takes a Village*, edición de décimo aniversario (Nueva York: Simon & Schuster, 2006), p. 32 [*Es labor de todos* (Madrid: Espasa Calpe, 1996)].
6. Sheehy, *Hillary's Choice*, p. 23.

Capítulo 8: Un pastel sin azúcar

1. Sue Kidd, «Don't Let It End This Way», reimpreso en *Focus on the Family*, enero 1985.

Capítulo 9: ¿Eres un hombre o una gallina? ¡Cacarea fuerte!

1. Alan Ebert, «Fathers and Daughters», *Good Housekeeping*, junio 1992.
2. Ibíd.
3. Ibíd.

Capítulo 10: Si ves a una tortuga en un poste...

1. Taylor Swift, presentación vocal de «You Belong with Me», por Taylor Swift y Liz Rose, subido 16 junio 2009, http://www.youtube.com/watch?v=VuNIsY6JdUw.
2. Taylor Swift, «I Knew You Were Trouble», por Taylor Swift, Max Martin y Shellback, http://www.youtube.com/watch?v=vNoKguSdy4Y.
3. Robert Goldman y Stephen Papson, *Cultura Nike: el signo de Swoosh* (Barcelona: Deusto, 2007), p. 51.

Capítulo 11: El tiempo apremia

1. DC Talk, «Time Is...», del disco *Free at Last* (EMI CMG, 1992).

Acerca de Dr. Kevin Leman

Psicólogo conocido internacionalmente, personalidad de radio y televisión, educador y orador, el doctor Kevin Leman ha enseñado y entretenido a audiencias alrededor del mundo con su ingenio y su psicología de sentido común.

Es autor de casi cincuenta libros que han sido éxito en ventas y por los cuales ha ganado premios. Entre sus títulos más reconocidos se encuentran *The Birth Order Book, Parenting the Powerful Child, Tengan un nuevo hijo para el viernes, Have a Happy Family by Friday, Tengan un nuevo adolescente para el viernes, Ten un nuevo esposo para el viernes, Ten un nuevo «tú» para el viernes* y *Música entre las sábanas*. Ha atendido miles de consultas de la audiencia para programas de radio y televisión incluyendo *Fox & Friends, Mancow, The View, Morning in America* de Dr. Bill Bennett, *The Morning Show* (del canal Fox), *Today, Club 700, Oprah, The Early Show* (de la cadena CBS), *In the Market with Janet Parshall*, CNN y *Enfoque a la familia*. El doctor Leman también brindó servicios como psicólogo familiar contribuyente del programa *Good Morning America*.

El doctor Leman es el fundador y presidente de Couples of Promise, una organización diseñada y comprometida a ayudar a las parejas a permanecer felizmente casadas. Sus afiliaciones profesionales incluyen a the American Psychological Association, the American Federation of Television and Radio Artists, y the North American Society of Adlerian Psychology.

En el año 2003 la universidad de Arizona premió al doctor Leman con The Distinguished Alumnus Award, el reconocimiento más elevado que puede ser otorgado a uno de los suyos. En el año 2010, la universidad North Park lo premió con un Doctorado Honorífico en Letras y Humanidades.

El doctor Leman recibió su licenciatura en psicología en la universidad de Arizona, donde luego consiguió sus diplomas de maestría y doctorado. Originario de Williamsville, Nueva York, él y su esposa Sande viven en Tucson, Arizona. Tienen cinco hijos y dos nietos.

Para información acerca de su disponibilidad como orador, consultas de negocios, seminarios presenciales, seminarios cibernéticos, o el crucero anual Love, Laugh and Learn, por favor contactar:

Dr. Kevin Leman

P.O. Box 35370

Tucson, Arizona 85740

Teléfono: (520) 797-3830

Fax: (520) 797-3809

www.birthorderguy.com

www.drleman.com

Sigue al doctor Kevin Leman en Facebook y Twitter.

Recursos de Dr. Kevin Leman

Libros para adultos

Sé el papa que ella necesita que seas
Tengan un nuevo hijo para el viernes
Ten un nuevo esposo para el viernes
Tengan un nuevo adolescente para el viernes
Ten un nuevo «tú» para el viernes
Grandes y chicos
Música entre las sábanas
Qué diferencia hace una madre
Cría hijos sensatos sin perder la cabeza
El amor comienza en la cocina
A la manera de un pastor (coautor William Pentak)
Guía fácil para padres cobardes que quieren hablar honesta-
mente de sexo con sus hijos (coautor Kathy Flores Bell)
Mamá por primera vez

Libros para niños, con Kevin Leman II

Mi primogénito: no hay nadie como tú

Disponibles en todo lugar en el que se vendan buenos libros.
También disponibles en el 1-800-770-3830 o
www.drleman.com or www.birthorderguy.com.